彩流社ブックレット❹

始動! 調査報道ジャーナリズム

「会社」メディアよ、さようなら

渡辺周・花田達朗・ワセダクロニクル［編著］

Waseda Chronicle

◉はじめに——「私たちのニュース組織」を目指して

ワセダクロニクル編集部・運営事務局

ワセダクロニクルは、「会社」を飛び出し、あるいはその枠に収まろうとしないジャーナリストを中心に組織されています。実際に退職届を出そうが出すまいが、「会社」メディアに「さようなら」をした者たちの集団です。参加する学生たちも、ジャーナリストを目指して「会社」への就活に汗をかきますが、気分や気概としては「会社」一員になろうとはまったく思ってはいません。

わざわざこの本のサブタイトルで「『会社』メディアよ、さようなら」とつけたのは、何も組織としての企業体を指しているものではありません。含意を込めて「カイシャ」とカタカナ表記してもいいかもしれません。

日本ではジャーナリストになるルートとして「会社」に所属する選択をするケースが目立つかもしれません。フリーランスで活躍するには実力と経験が不可欠です。二十歳を少しばかり過ぎた大学生や大学院生がジャーナリストになるには「会社」に入ることを選択するのが現実的です。その「会社」で、組織ジャーナリストとしての立ち振る舞いや作法を実地で学んでいくのです。全国紙の場合は、最初に5年くらいの地方勤務をすると本社に上がります（「上がる」という言葉遣いをします）。そこで、政治部や経済部、社会部など、どこの部に所属するのかが決まります。ある全国紙ではそれを「戸籍」と呼びます。例えば、本社に「上が」れず、長年地方で勤務し、それぞれの任地でいい仕事を重ねてきた記者が10年くらい経って、ふと「政治の取材がしたいから政治部に行きたい」「金融政策の裏側を取材したいから経済部で取材したい」などと「会社」に異動を願い出ても、決して政治部や経済部にいくことはありません。記者としての実績は関係ありません。なぜなら「戸籍」がないからです。記者の長いキャリアが入社後のわずか数年で「会社」に決められてしまうのです。奇怪なことです。「会社」に入ればすぐさま就業規則や記者倫理綱領なるものに縛られます。「会社」の論理が優先される根拠の遵守が明示的・暗示的に求められます。

ジャーナリストは職能です。職業欄には本来、「会社員」ではなく、「ジャーナリスト」と記入すべきところです。「○○新聞記者」と書く人もいるでしょう。自己紹介のとき、そう呼称する人がとても多いのではないでしょうか。「○○新聞」は所属する組織名で、「記者」はその組織の中での職位名です。職能ではありません。組織に所属していようが、その組織がどのような媒体種類であろうが、まっくのフリーランスであろうが、職業は同じジャーナリストです。

労働組合も「会社」ごとに作られます。記者クラブも「会社」ごとの加盟になります。日本新聞協会も「会社」単位の加盟です。ちなみに、日本新聞協会の英語表記名は「The Japan Newspaper Publishers & Editors Association」です。経営者（Publishers）と編集者（Editors）が同居しているのです。悪名高い編集権声明はいまだに「新聞企業が法人組織の場合には取締役会、理事会などが経営管理者として編集権行使の主体となる」という文言とともにいまも生きています。ジャーナリスト側に「編集の独立」がないのです。なのに、その組織に所属する記者たちは自らを縛るその声明と編集権という言葉に無頓着です。不文律かのようです。所属が異なるほかのメディア組織のジャーナリストが不当で不利益な取り扱いを受けようが関係ありません。だって「会社」が違うから。日本のジャーナリズムの状況を俯瞰すると、あちらこちらに「会社」がこびりついています。

大学という場を使ってスタートしたワセダクロニクルという社会実験は、所属する組織の枠をすっ飛ばしてジャーナリズムにジャーナリストとしての「個」を取り戻そうという試みでもあるのです。

ジャーナリストに国家資格はありません。ですが、医師や弁護士と同じ専門職です。プロフェッショナルです。国家資格が馴染まないのはジャーナリズムの役割が徹底した権力監視にあるからです。国家に認定されるのは相応しくありません。それに代わるものがジャーナリズム教育です。教育や研修によって専門職であることを担保することができます。そういう意味ではアカデミズムの責務も重いと言えます。では、アカデミズムがその責務を果たしているかと言えば、どうでしょうか。ジャーナリズムをアカデミズムが「飯のタネ」にしてはいけません。ジャーナリズムとアカデミズムは「車の両輪」なのですから。

ふと思います。農業をやっている人がジャーナリストになってはいけないのでしょうか。パティシエとして美味しいお菓子を作る職人がジャーナリストになってはいけないでしょうか。バーのマスター、公務員、デザイナー、証券マン、エンジニア、百貨店の店員、医師、裁判官はどうでしょう。「その道」に豊かな経験と人脈を持った人たちは有能なジャーナリストになる資質は十分に備わっています。ワセダクロニクルには、種々様々な職業や社会的背景を持った人たちがジャーナリストとして参加しています。極めて重要な役割を果たしています。めきめきとジャーナリストとしての実力をつけています。学生も新鮮な視点を与えてくれます。ワセダクロニクルで現在進めているリサーチの幾つかは学生の持ってきたネタが端緒になっています。「戸籍」は関係ありません。「会社」は必要ありませんでした。

梁山泊であることがワセダクロニクルの生命線であると言えます。

「理念先行じゃないの?」、「So what?(だったら何?)」旗のないところに人は集いません。「経済モデルはどうするの?」、「頑張ります!」ワセダクロニクルが求める寄付モデルは私たちの報道や活動に対してどれだけ市民社会の共鳴板を作り出せるかにかかっています。普通の市民の人たちがワセダクロニクルのアクター（当事者）として関与してほしいと願っています。目指すのは「私たちのニュース組織」です。そこにはもう「会社」は必要ありません。だから薄く広い寄付を求めるのです。

よく既存メディアを批判するジャーナリストがいます。もちろんそうした批判は当たっているところもあるでしょう。では、既存メディアに取って替われるものをジャーナリストの側が果たして作り出せているのか、という問いを同時に立てなければなりません。その答えをワセダクロニクルは市民の皆さんと一緒に見つけたいと思っています。

答えを見つける手がかりをワセダクロニクルでは調査報道ジャーナリズム（Investigative Journalism）に求めています。政治的・経済的・社会的な大きな権力（Power）によって、人間的尊厳が傷つけられ、侵され、奪われている人々の状況を発掘し（investigate）、直視し、事実によってその現実をパブリック（公衆）に向かって暴露し、状況を変えていきます。よりよい社会に変えていくことがジャーナリズムの使命です。

早稲田梁山泊にようこそ。みなさんの来訪を歓迎します。

２０１７年４月７日

I. ワセダクロニクルは何を目指すのか
――大学拠点の調査報道ジャーナリズム

渡辺周

2017年2月1日、ワセダクロニクルは「『買われた記事』～電通グループからの『成功報酬』」を初めての成果物として発信した。なぜこのテーマでスタートを切ったのか。私たちが調査報道に打ち込むにあたっての姿勢が凝縮されているので、その説明から始めたい。

❖なぜ「買われた記事」から始めたか

まず、ワセダクロニクルが「不正や強い力に苦しむ犠牲者の力になる」ことを調査報道の目的としていることが大きな理由だ。

「買われた記事」では、電通、製薬会社、共同通信という強い力を社会で持つ組織が関与して、読者である患者に薬の宣伝を目的にした記事を届けている実態を暴いた。

記事には報酬が支払われていた。内容は、副作用の情報など製薬会社に不利な情報が少なかった。しかも記事には「広告」「宣伝」の表示がない。読者は宣伝と分からないまま記事を読み、騙されていたことになる。

人は誰しも病気になれば、気が弱くなる。患者は自分の病気に関する情報を「藁にもすがる思い」で探す。そこへ報酬が支払われた宣伝目的の記事を、宣伝であることを隠して届けるのは「大組織が自分たちの利益のために患者に犠牲を強いている」と私たちは考える。

次に、犠牲者の側に立った公共性のあるテーマであれば、ワセダクロニクルは「一切のタブーを排す」というメッセージを示したかった。

今回のテーマの発信を始めてから1ヶ月半、新聞やテレビの後追い取材は皆無に等しい。共同通信の加盟社でもある毎日新聞は初報が出たタイミングで私たちの記事を引用しつつ、共同通信がワセダクロニクルに抗議したことを報じたものの、私たちへの取材はなかった。NHKも同じだ。一方にのみ話を聞き、それで記事を仕立てていた。普通はあり得ない。共同通信がワセダクロニクルに「おわび」をした後も、続報もなければ取材もない。

このような事態は、電通、共同通信、製薬会社が関係するテーマである以上、予想していたことだった。既存の大手メディアにはしがらみがあり扱いづらいのだろう。私の古巣の朝日新聞をはじめ、大手メディアで記者をしている友人たちからは「新聞やテレビは後追い取材するべきだよね」という声が続々と寄せられてはいるが、「ならば自分が取材する」とはならない。

しかし、既存メディアがやらないからこそ、ワセダクロニクルが正面から取り組む必要がある。そうしなければ「買われた記事」を読まされる患者は、大組織の利益のための犠牲者であり続けてしまう。「小舟がいきなり大海に漕ぎだして大丈夫か」、「もっとハレーションが小さくて既存メディアが追いかけやすいテーマにしたらどうか」。準備段階ではそういった意見もあったが、相手が大きいかどうかは関係ない。取材の確かささえあれば、どんな相手でも十分戦えると確信している。

❖なぜいま調査報道か

私自身が「調査報道」という言葉を意識したのは、朝日新聞で記者になって4年目に阪神支局に赴任してからだ。阪神支局は、１９８７年に当時29歳だった小尻知博記者が目出し帽をかぶった犯人に散弾銃で射殺される事件があったところだ。犯行声明文を出した「赤報隊」は、名古屋の社員寮が散弾銃を持った男に襲撃されたり、静岡支局に爆弾を仕掛けられたりした事件も起こしたとみられ、警察庁は広域重要事件「１１６号事件」に指定した。

私は小尻さんの射殺事件が時効になった後、阪神支局に赴任した。

１１６号事件が時効を迎えた時の警察庁長官、佐藤英彦さんを取材した時のことが忘れられない。

佐藤さんは、黒澤明の映画「天国と地獄」を引き合いに出してこういった。

「被害者のオヤジさんが『事件を忘れないでくれ』とビラをまくのと違って、君たちの場合は取材者でもある。犯人にしてみたら、紙面で書かれるんじゃないかという恐怖がつきまとう。老婆心ながら言っておくが、ホシに近づけばズドンとやられる可能性があるぞ。自分が『こいつは怪しい』と思って近づいている分には用心するからまだいいが、たまたま行ったらそいつがホシだった、知らないうちにホシに近づいていたというのが一番危ないからよほど用心せにゃいかんぞ。渡辺君は黒澤明の『天国と地獄』を見たことがあるか。あの地獄に身を潜めて天国を見上げる（犯人役の）山崎努の目な、あっちからは見えてるんだ」

佐藤さんは、警察が捜査しない事件を取材することの危険性を親切心から説いた。息子を誘拐された裕福な父親が高台にある屋敷から「この街のどこに息子はいるのだろう」と街を見渡し、その父親を犯人が街から見上げる。父親から犯人は見えないが、犯人からは見えている。事件の取材も同じだからよくよく注意した方がいいということだ。

だが佐藤さんの助言は、取材上の注意というよりは、私にとっては調査報道の必要性を明確に認識する機会になった。地下ではびこる社会悪に対して、ジャーナリストたちが存在感を示し続けなければ相手は増長すると考えたからだ。「相手からは見えている」からこそ、当局による後ろ盾の有無は関係なく、ジャーナリストたちが自立して社会悪に対してプレッシャーをかけなければならないのではないか。

翻って今の日本のジャーナリズムの現場はどうなっているだろう。

官庁の後ろ盾を重要視し、メディア単独では切り込まない。自分たちを主語にして記事を書かない。「スクープ」と呼んでいるのは、いずれ分かる官庁や企業の発表を「〜へ」と先んじて書くものが主流だ。

息を殺して潜む社会悪は、この姿をほくそ笑んで眺め、やがて堂々と社会を闊歩する。そうなる前にこそ、独自の取材で存在感を示す調査報道が必要だ。

❖寄付者は「同志」

ワセダクロニクルを立ち上げて最も多い質問は「どうやってマネタイズするのか」というものだ。大抵は「寄付文化のない日本で本当にやっていけるのか」という質問とセットだ。

まずはっきりさせておきたいのは、私たちは「メディアビジネス」を追求するわけではないということだ。マネタイズに関して質問する人と話していると、お金が手段ではなく目的になっているのではないかと感じる時がある。ワセダクロニクルにとってお金は目的ではない。持続的な調査報道を支えるための手段だ。私が登壇したセミナーで、編集長が４０００万円の報酬をもらっているアメリカの調査報道団体の例を挙げ「あのような団体を目指すのか」という質問があったが、私は４０００万円もいらない。そんなお金があれば取材費やメンバーの強化に充てる。

なぜ広告でも課金でもなく寄付モデルをとるのか。

最大の理由は、寄付者と共に、社会に必要な公共財としての調査報道組織を作り上げていきたいからだ。

ワセダクロニクルの成果物は、料金を払わない人もウェブサイトで見られる。寄付者にとっては不公平という側面もあるかもしれない。

しかし、私たちにとって寄付者は「お客様」ではない。「同志」だ。そのことはクラウドファンディングで寄付していただいた方々が寄せたコメントを読めば分かる。三つ紹介する。

・「応援しています。がんばってください！　10歳で敗戦を迎えた世代として、戦後のジャーナリズムの70年間の劣化の歩みは耐え難い。間もなく消えゆく者として、後に続く世代に頑張ってほしいので、貧者の一灯をおくります」

・「ありがとうございます。報道の独立は僕らの命綱です。立ち上がってくれて本当に感謝です」

・「本当のことを知るためのひとつの手段として応援します。できる限りのことを、庶民の視点から調査報道してください。選ばれた少数の人たちのためではなく、サイレント・マジョリティーのために。そして、背筋を伸ばして呼吸ができる未来のために」

寄付モデルをとる理由は、もう一つある。テーマ選びだ。

寄付モデルの場合、広告や課金モデルほどはページビューにとらわれずに済む。

このことは大きい。ページビューを稼ぐためにスキャンダルや流行を追いかける必要はなく、公共性があるかどうかでテーマを選べるからだ。公共性の有無は「不正や強い力に苦しむ犠牲者を救う」ことが目的かどうかで判断する。

❖異分野の融合

ワセダクロニクルのメンバーは、ジャーナリストだけではない。デザイナーやエンジニア、データアナリストも加わっている。様々な表現手段が可能なインターネットメディアとして、このことは強みだ。

「シンプル&スタイリッシュ」というコンセプトのもと、ワセダクロニクルのサイトはロゴを含め全てデザイナーがデザインコントロールをしている。

スマホでサイトを見る場合にどうしたら見やすくなるか、工夫を重ねたのはエンジニアだ。

私たちは「発信の中身さえ良ければ誰でもみてくれる」とは考えない。どうすれば読者が読みやすくなるか、常に改善していく。

今後は、調査報道の特集だけではなく「データジャーナリズム」を強化する。インターネットが発達して爆発的に増えている公開情報を分析し、読者の視覚に訴える形で成果物を発信していく。そのためには仮説を立てるジャーナリスト、データを収集し分析するデータアナリスト、データを視覚的に表現するデザイナーの連携が欠かせない。ワセダクロニクルは三者の人材が揃っている強みを生かしていきたい。

メンバーは10人ほどだが、いずれも無給だ。志だけでワセダクロニクルの立ち上げに集った。プロとして報酬を得るのは当然だし、メンバーの働きに早く報いることができるようになりたいが、志だけでも今回のような発信ができたことは誇りに思う。

❖種まき

ワセダクロニクルでは大学生も重要なメンバーだ。いずれもジャーナリスト志望。ジャーナリズム研究所に所属する大学教授の推薦を得て、早稲田大学など都内の大学から20人が参加している。

批判対象の取材は任せられないが、学生には情報公開請求や資料の収集を担ってもらっている。編集会議や記事の校閲作業にも加わる。若者ならではの新鮮な感性にはハッとさせられることが多く、大いに戦力になっている。

ただ私たちが学生に参加してもらっている最大の目的は、ジャーナリスト教育だ。

日本ではこれまで、ジャーナリストとしての教育は大学ではなく、就職先のメディア会社で行われることが多かった。理念先行の「頭デッカチ」ではなく、取材現場で鍛えるというものだ。私自身、大学生の時はジャーナリスト教育を受けたこともなければ、ジャーナリズムについて真剣に考えたこともなかった。正直いってチャランポランな学生生活だった。

しかし、近年になってメディア会社が「ジャーナリスト」であるよりも「組織人」であることを求める傾向が強くなっている。メディア会社の経営環境が厳しくなったことが原因なのかもしれない。私が朝日新聞にいた数年前、スポンサーに名を連ねる大企業を追及する取材を提案したところ、上司から「社員と家族が路頭に迷うようなことはやめて」といわれた。当然だといわんばかりだった。

そのような状況で、学生が卒業後にメディア企業に就職すれば、ジャーナリストではなく組織人として埋没していくことは容易に想像できる。

たとえ就職しても自立したジャーナリストとして行動できることが重要だ。

ワセダクロニクルではジャーナリストとしての倫理と矜持を学生に叩き込む。調査報道の厳しさや緊張感を同じ飯場の中で味わいながらの教育なので、学生たちも目つきが変わってくる。

調査報道のノウハウも伝授する。情報公開請求もしたことがない記者が多いなか、現場に出たらすぐに使えるノウハウを身につけさせることは急務だ。

ワセダクロニクルだけが成長しても意味がない。日本のジャーナリズム全体を底上げすることが重要だ。そのために必要なのは、「種まき」だ。まいた種が芽吹いて成長し、一人前のジャーナリストとして共に調査報道ができる日を楽しみにしながら学生と向き合っている。

❖展望

予想を上回る寄付と好反応をいただき、ワセダクロニクルのスタートとしては上々だ。様々なメディアからの取材を受けることが多く、今後の展望についてよく聞かれる。

だが正直申し上げてまだ5年先、10年先のワセダクロニクルの姿を見通すことはできない。特に金銭面では、寄付が集まったとはいえ給料をメンバーに払えるまでには至ってない。取材費用や立ち上げに伴う初期費用を賄うのに精一杯だ。

肝心なことは、先を見通すことではなく、犠牲者の立場に立った質の高い調査報道を一つ一つ積み上げることだと思う。私たちがお手本とする韓国の「ニュースタパ」の代表であるキム・ヨンジンさんによると、彼らは一発だけ花火を打ち上げて解散するつもりだったという。ところが寄付が集まり、その後もスクープを放つ度に寄付が集まった。４万人超の寄付会員は渾身の調査報道の積み重ねだ。

もちろん、戦略はある。

まず、大きな組織を目指さないことだ。ジャーナリストやエンジニア10人と、学生20人で今回の第１シリーズは読者に届けることができている。他のテーマも並行して取材していることも考えれば、もう少し取材陣を増やしたいところではあるが、あくまで「もう少し」だ。何千人も社員を抱える全国紙のような大きな組織になる必要はない。

次に、小さな組織であるならば他のニュース組織と連携することだ。ワセダクロニクルはジャーナリズムに対する志を共有できるならば、あらゆる組織や個人と連携していく。非営利の調査報道組織でつくる世界的なネットワーク「ＧＩＪＮ」(Global Investigative Journalism Network) にも日本から初めての加盟を申請している。ワセダクロニクルが拠点となり「パナマ文書」のような成果を目指していきたい。

いずれにせよ、ワセダクロニクルの成否は「社会の公共財」として認められるかどうかにかかっている。そのためには腹をくくり、妥協せず、愚直に一歩ずつ進んでいくしかないと思っている。

Ⅱ．私の意見――参加者からの寄稿コラム

❖「会社メディア」では切り込めない暗部を突いた……本間龍

ほんま・りゅう＝著述家。博報堂で18年間営業を担当し、２００６年に退社。著書に『原発プロパガンダ』（岩波新書）、『大手広告代理店のすごい舞台裏 電通と博報堂が圧倒的に強い理由』（アスペクト）、『電通と原発報道 巨大広告主と大手広告代理店によるメディア支配のしくみ』（亜紀書房）など。

まずはワセダクロニクルの創刊を心よりお祝い申し上げたい。

創刊特集「買われた記事」のインパクトは絶大なものだった。権力側や大企業の広報機関「会社メディア」ばかりになった現在の日本で、「調査報道」を使命としたワセダクロニクルの登場は強烈なインパクトを放った。「買われた記事」は、メディア業界の最大タブーである電通と、やはり記事配信元として大きな力をもつ共同通信の癒着という、「会社メディア」では絶対に切り込めない暗部を突いた。２０１６年に労務管理問題で書類送検されたとはいえ、電通のメディアに対する圧倒的な支配力はなんら変わっていない。現に、「買われた記事」のスクープに追随したメディアはなく、いまだにワセダクロニクルの独走状態が続いている。そこには、メディアの生命線である「広告」と「記事」を握る両社を刺激したくない、という各社の弱腰が見事に表れている。

２０１１年の東京電力福島第一原発事故以前、メディアは原子力ムラと電通による情報統制と巨額の広告費欲

しさに、原発に対する批判的な報道をしなくなっていた。その反対に、全てのメディアで原発を礼賛する広告が溢れ、さらに原発の必要性を暗示する記事も頻繁に掲載されていた。まさに今回の「買われた記事」のように、裏でカネが動いたような記事が非常に多くあった。特に原発所在地の地方紙では毎日のように原発広告や原発礼賛記事が掲載され、県民を洗脳していた。広告が報道を圧倒していたのである。

ほとんどのメディアは広告費を収入源としている。そのため、特に大手メディアになればなるほど、大口スポンサーに対する批判的報道に、異常なほど後ろ向きだ。昔はメディア内の記事を書く「編集局」と広告を集めてくる「営業局」の分離が徹底していて、もしくは相対的に編集局の社内地位が高く、たとえ大口スポンサーの批判記事でも遠慮無く書いていた。それによってそのスポンサーが一時期離れても、やがて時間が経てば戻ってくるし、何よりもそうした記事が高く評価され、視聴率や購買部数に反映されてメディアの経営基盤を支えていたからだ。

ところが、バブル崩壊後の「失われた20年」の間に、メディアの売り上げはどんどん落ちた。そうなると、カネを集める営業局の発言力が編集局を完全に圧倒するようになった。「そんな記事を書かれたらスポンサーが離れる」「その記事のせいで赤字になったらどうするんだ」という発言が圧力となって報道現場を浸食し、「権力と巨大スポンサーには触らないでおこう」という現在の閉塞した報道環境が出来上がった。

これは、スポンサーの意向ならなんでも実現したい電通や博報堂などの広告代理店にとって、最高の状況である。ネット業界でのステルスマーケティングの氾濫、タイアップと称したテレビ・ラジオ番組や雑誌作り、タレントが司会する報道の仮面を被った情報番組など、カネさえ払えば何でも出来る状況になっているからだ。しかしそれでも、大手メディアの報道記事そのものにまで介入するのは困難だ、と思われていた。そこはさすがに超えてはならないという暗黙の認識が代理店側にもあった。

しかし、その「最後の一線」までもが既に崩壊している証拠を突きつけたのが、「買われた記事」のスクープだった。だからこの優れた調査報道に対しては心からの敬意を表するが、提示された現実には暗澹たる思いにかられる。それでも、こうした報道があるからこそ、権力とカネを持つ側を牽制できるのだ。広告収入に頼らないワセダクロニクルがこれからも調査報道を継続していくために、今後もクラウドファンディングなどで多くの人々が積極的に後押ししてくれることを、願って止まない。

❖調査報道を市民は応援……木村結

きむら・ゆい＝東京電力株主代表訴訟事務局長。長年にわたって脱原発の立場から市民運動にかかわる。映画「日本と原発」「日本と再生」「太陽の蓋」の制作にも協力する。ツイッター（@yuiyuiyui11）のフォロワー数は1万3000人を超える。

記者クラブ制度の弊害が叫ばれて久しいが、今やマスメディアは官僚に飼い慣らされてしまった感が強い。記者クラブ制度という日本固有の官製制度に対抗するものとして各社の遊軍記者がいると認識していたが、朝日新聞の「吉田調書報道記事取り消し事件」でその存在もかなり危ういものだと知った。（詳しくは『誤報じゃない

のになぜ取り消したの？　原発「吉田調書」報道をめぐる朝日新聞の矛盾』彩流社ブックレット、２０１６年）
この度、ワセダクロニクルが立ち上がった事で、調査報道をマスメディアが放棄しようとしている流れへの楔となるのではという期待が生まれた。この動きを市民として黙っていてはいけない。資金面ではもちろん、宣伝し拡散する協力な応援団とならなければならない。
私は、ここ2年ほど報道ステーションとＮＥＷＳ23を観てはツイッターとフェイスブックで拡散しているが、①報道の使命は権力の監視 ②生活者の立場 ③世界の平和と安全 ④差別のない社会 ⑤地球再生 の観点に立っているか否かで選んでいる。そして好ましい報道には「素晴らしかった」と感謝の電話をし、いかがなものかと思った報道には「ツッコミが足りない」「続報に期待します」と。時折は各局の電話番号を貼り付けてフォロワーに電話を呼びかけている。これは自民党ネットサポーターズやネトウヨと呼ばれる人たちがテレビ局に電話やメールで「偏向報道をやめろ」「○○をクビにしろ」など罵詈雑言を浴びせているとも言われており、それに報道人が萎縮している、また経営陣が安倍首相との会食を繰り返していることに市民として対抗しなければいけないと感じたことがきっかけである。
取り上げて欲しい事件についても要請電話をするよう呼びかけている。例えば、今年（２０１７年）2月9日朝日新聞大阪本社がスクープした森友学園への国有地格安払い下げ事件に関しては連日ツイートしメディアへの要請を促した。ライターの菅野完さんがツイッターで安倍晋三記念小学校と記載された郵便振替用紙をアップしたのが2月14日。それからは「#安倍晋三記念小学校」とハッシュタグをつけて森友学園事件の本質は国有地格安払い下げではなく、皇国教育を復活させようとする日本会議会員籠池氏とそれに共鳴した安倍首相夫妻が実現しようとしたことだと訴え続けた。事件は連日各社が大きく報道するようになり、加計学園獣医学部認可を始めとする安倍首相の国家戦略特区にまつわる疑獄の闇も暴かれようとしている。

2011年、3・11を契機にデモや集会が盛んになる中、自由報道協会主催の集会で、NNNドキュメントのディレクターが紹介されるやいなや「日テレは帰れ」と複数のヤジが飛んだので「組織内で頑張っている報道人を応援できない人こそ帰るべき」と思わず立ち上がって叫んでしまった私だが、官邸前デモではNHKの取材陣に「資料としての映像を撮りに来たのですか?」などとイヤミを言ってしまった。一貫性のない自らの対応を恥じ、「マスゴミ」などと一括りにして批判だけして溜飲を下げているようでは、何の解決にならないだけでなく、マスメディアの中で奮闘している報道人を益々孤立させ、市民もますます少数派になってしまう。組織内であれフリーであれ、市民側に立つジャーナリストを応援し、連携していかなければ独裁を志向する政権を蔓延らせることになるとの危機感を感じている。

ワセダクロニクルは組織ジャーナリズムの生きにくさを知った人びとから誕生した市民のためのメディアである。この成長と成功は私たち市民の応援にかかっている。

❖民主主義社会支える必要不可欠な情報流通の促進を……海渡双葉

かいど・ふたば　弁護士(神奈川県弁護士会所属)。早稲田大学大学院法務研究科修了。約400名の弁護士でつくる秘密保護法対策弁護団の事務局次長を務める。公益社団法人自由人権協会の会員。原発事故情報公開弁護団など情報公開訴訟に取り組むほか、IBM不当労働行為事件など労働問題も手がける。

独自の調査で事実と証拠を集め、権力の不正を暴く「調査報道」。政府や大企業などの発表に依拠するメディアとは一線を画し、調査報道ジャーナリズムに特化した活動をおこなっていく「ワセダクロニクル」が始動すると聞き、2月18日のワセダクロニクル創刊記念シンポジウムを聴きに行きました。会場は大入り満員。話し手の熱意だけでなく、聞き手の期待も受けて、会場には熱気が満ちていました。

弁護士として仕事をしていると、いかに多くの情報が隠されているかに愕然とすることが少なくありません。行政に対して情報公開請求をすると、全面的に黒塗りという事態は頻繁に起こります。刑事弁護でも、検察に対して証拠開示を求めたところ激しい抵抗を受け、やっと開示されたものの中に決定的な証拠が含まれていたこともありました。労働事件で、勤務先会社に証拠を隠され、どうやって証拠を入手するかに頭を悩ませることもあります。隠された真実を暴く活動が困難を伴うこと、そして、真実を明らかにする地道な活動の貴重さを、現場の肌感覚として実感します。

また、私は秘密保護法反対運動に関わったことがきっかけで、秘密保護法対策弁護団の事務局次長を務めています。同弁護団の目的は2つあり、第一に、秘密保護法での検挙者が出る前に、あらかじめ弁護団を作って弁護体制を準備し、検挙の予防をすること、第二に、秘密保護法の問題点を法的観点から明らかにし、発信することにより、秘密保護法廃止運動を市民と共に担うことです。反対運動での「何が秘密?それは秘密」という言葉の通りに、情報源が乏しいですが、同弁護団では、法律の運用状況等にアンテナを張っています。特定秘密の指定件数が年々増加していること、適性評価の実施に同意しなかった者や不適合と判断された者が現れていること、内閣府・独立公文書管理監および情報監視審査会の動きなど、見過ごせないものがあります。

他方で、秘密保護法に関するメディアのニュース記事は、圧倒的に減ってきています。メディアの関心が薄れて、「思っていたより危険な法律ではなかった」という風潮さえ感じられます。

政府の秘密に迫ることのない報道をしている限り、秘密保護法とは縁遠いままでいられるでしょう。しかし、権力の不正を暴こうとする限り、秘密保護法が眼前の壁となる日は近い。そのとき、日本の調査報道は、秘密保護法との闘いに勝つことができるのか。秘密保護法との闘いは、調査報道を守るための闘いとも言えます。

同様の観点から、私が近時、危機感を感じているのは、犯罪の計画段階で処罰を可能とする「共謀罪」法案です。政府は、今年3月21日、共謀罪の新設を盛り込んだ組織犯罪処罰法改正案を閣議決定し、法案が今国会に提出されることになりました。捜査機関は、時に恣意的な捜査をし、自白を強要し、無実の人が冤罪に問われることがあります。計画段階にまで処罰を広げ、捜査機関に権限を与えるあたえることが、いかに危険なことか。例えば、新聞社の編集会議で、汚職の疑惑のある議員に関し、夜討ち朝駆けで、汚職の証拠をつかむまで粘り強く取材しようと話し合ったことが、組織的強要の共謀罪とされる可能性があります。共謀罪容疑をチラつかせることで、調査報道メディアを黙らせようとすることは容易に想像できます。

調査報道がなぜ必要か。私なりに答えを出すと、隠された真実を白日の下にさらし、市民の知る権利に応えることで、民主主義社会が機能するために必要不可欠な情報流通を促進することができるから、ということになります。調査報道に特化するというワセダクロニクルの挑戦を応援しています。共に連携していきましょう。

◉基調講演――

Ⅲ．ワセダクロニクルと調査報道ジャーナリズムの世界的潮流
――ジャーナリズムの正当性を求める闘い

花田達朗

●探査衛星「ワセダクロニクル」の打ち上げ

▪２０１７年２月１日　ニュース速報

２０１７年２月１日午前７時23分、探査衛星「ワセダクロニクル」を搭載した新型ペン・ロケット「ＷＩＪＰ」が早稲田大学ジャーナリズム研究所の屋上から打ち上げられた。轟音は発せず、クリックのかすかな音が響いただけだった。探査衛星は無事に軌道に乗り、直ちにもろもろの権力空間の観測を開始し、今後探査ジャーナリズムの役割を果たしていく。「ワセダクロニクル」の衛星信号は、http://www.wasedachronicle.org で誰でも直接受信することができる。打ち上げ成功を受けて、ジャーナリズム研究所の花田達朗所長（69）は、「満を持した打ち上げで、探査衛星による観測の成果を期待している。権力空間の構造解明を通じて市民社会に貢献していきたい」と語った。

早稲田大学ジャーナリズム研究所のホームページにこのニュースを掲載した日から今日で２週間ちょっとの時

間が経った。研究開発実験を行うのは理系の研究所だけではない。文系の研究所も社会的な研究開発実験を行う。次の時代の社会システムの実用化のために、である。では、私たちは何を研究開発し、実用化しようとしているのか。いまメディアの構造的な大変動の中で、ジャーナリズムとメディアの関係の根本的な見直しが進行している。両者の関係の再調整、再編成、再構築の過程が進んでいる。そこでの重要な課題は、古いメディア環境から新しいメディア環境へと変化してきた中で、社会にとって今後とも必要とされるジャーナリズムはどのようなものであり、それをどのような経済モデルで成立させていくかということである。つまりどのようなミッション（使命）のジャーナリズムをどのような経済モデルで実現していくかということである。

　私たちの研究所は、この問いに対して、調査報道ジャーナリズムを非営利のニュース組織によってウェブ上で展開していくことだとの仮の答え、つまり仮説を出した。そして、その仮説が妥当であるかどうか、実証実験をする必要があると考えた。それを一般社会でほかの誰もやらないのであれば、大学の場を使って自分たちでやろう。研究所が、その前身のジャーナリズム教育研究所から含めて約10年間にわたって大学におけるジャーナリスト養成教育の研究開発および実証実験を行ってきたのと同じ発想である。大学を拠点とした社会実験というのは、社会のイノベーションに貢献しようという性格の大学からすれば、当然の成り行きである。

　ジャーナリズム研究所[*1]にはいくつものプロジェクトがあり、招聘研究員を30名以上擁して、さまざまの研究活動を行っている。上記の仮説を検証しようという動機のもとにほぼ半年の構想・調査段階を経て、招聘研究員の有志により２０１６年3月11日に「早稲田調査報道プロジェクト」（Waseda Investigative Journalism Project: WＩＪＰ）が研究所の中に正式に発足し、そのプロジェクトメンバーによってニュース組織立ち上げの準備が始まり、２０１７年2月1日に「ワセダクロニクル　Waseda Chronicle」がウェブ上で創刊されたのである。ニュース組織と発信媒体が予告なく同時に姿を現したので、一般社会には唐突だったかもしれないけれども、ＷＩＪＰ内部では何度も討論が重ねられ、着々と準備が進められてきたのであり、その結果であった。

研究所としては、この探査衛星「ワセダクロニクル」による実験の遂行を支援していくとともに、それが投入された日本社会がどのように反応していくのか、探査衛星と日本社会の間にどのような相互作用が生まれるのかを科学的に観察していく。そして、私たちの仮説の妥当性を検証していく。その意味において、これは（社会科学的な実証実験なのである。

実は、私たちが行っている仮説の追試はいま世界中で行われている。日本での開始は遅きに失したと言われても仕方がない。なぜ遅れたのかの原因究明も必要であろう。少なくとも原因の背景は分かっている。日本のジャーナリズムが世界から隔絶して、ガラパゴス化していたためである。大学を拠点にしてこのプロジェクトを行う理由は、その世界的立ち遅れをひとまず挽回し、日本でも起動させるためである。研究成果については国際社会への報告として国際的組織の大会や学会で逐次発信していく予定である。

この講演では、「ワセダクロニクル」を世界的な潮流の中に位置づけて観察する。ために、その「世界的な潮流」というものがどのようなものであるかをみなさんにご説明し、時間の制約はあるが、できるだけ鳥瞰図をお示しするように努めたい。

● Investigative Journalism ≒ 調査報道とは何か

右の見出しの中の二語が「およそ等しい」という不等号で結ばれているのに注意していただきたい。厳密に言えば両者は一致しないのである。記者クラブ制度のもとで「発表ジャーナリズム」と呼ばれる形態に堕している日本の組織ジャーナリズムへの対抗軸として「調査報道」というものが据えられ、それが記者会見に依存せず、自分の手や足で調べて、また情報公開制度などにより独自のソースを使って記事を書くことだという意味で理解されているとすれば、それは日本的な文脈に規定された「調査報道」の理解だと言わなければならない。そのような意味であれば、その「調査報道」は「リサーチ報道」や「リサーチ・ジャーナリズム」と呼ばれてよいものであろう。

本来の調査報道の調査は「リサーチ」ではなく「インベスティゲーション」だということが伝わり難い状況にあるのである。言葉は難しい。しかし、私たちは言葉によって理解するのであって、言葉には常に注意を払わなければならない。とりわけ権力は言葉の操作に長けている。「思いやり予算」「駆けつけ警護」「アベノミクス」など枚挙に暇がないが、怪しげな言葉、英訳できないか、英訳しても国際的には通用しない言葉などによって政権の政策が貫徹されていく。私たちはその言葉によって重要なことが見えなくされ、ごまかされ、知らず知らずに同意させられていく。そうした権力側が発明した言葉をメディアが無批判的に受けて入れて、多用することにより、権力の意志は社会に浸透していく。どういう言葉を使うかはそれ自体で権力問題なのである。権力との闘いとは、物理的・物質的なものをめぐっても行われるけれども、実は言葉をめぐる闘争だということを認識する必要がある。ジャーナリズムこそはその「言葉をめぐる闘争」に深く深く関わっているのである。

もしも調査報道という言葉に権力を批判する牙があるとするなら、権力はその牙を抜こうとする努力を開始する。あらゆる批判的な言葉に対してやってきたことである。言葉の牙を守るためにはどうしたらいいか。その言葉の意味を確定する、つまり定義をしっかりとすることである。

調査報道にはいろいろな定義があるが、一つの例を挙げてみよう。これは昨年11月に刊行されたマーク・リー・ハンター編著の翻訳書『調査報道実践マニュアル』に登場する定義である。

「調査報道が意味しているのは、権力者によって意図的に隠された問題や、理解を妨げるような、大量の事実と混乱した状況が背景となって偶然にも埋もれてしまった問題を世の中に明らかにすることである。そのためには、秘密の情報源や公開の情報源、そして記録文書を使用する事が必要となる。[*2]」

ハンターはそのすぐあとで「通常のジャーナリズム」と「調査報道ジャーナリズム」を対比した表を掲げているが、その中で最も私の注意を引いたのは次の対比である。[*3]

前者：「記事は、ありのままの世間の反映と見られている。記者は一般市民に情報を提供する以上の結果を望まない。」

後者：「記者は、ありのままの世界を受け入れることを拒否する。記事は、ある状況の真相を突き止め、明らかにすることを目的にしている。いまの状況を改革したり、糾弾したり、場合によっては改善策を奨励するために行われる。」

この違いは、言い換えれば、調査報道ジャーナリズムではジャーナリストとは思想をもった主体であり、ひとつの立場に立って行為する者だということである。その立場とはこの世界をより善きものに改善・改良・改革していくという立場にほかならない。それをハンターは「記者は、ありのままの世界を受け入れることを拒否する」と表現しているのである。

以上を踏まえて言うならば、調査報道ジャーナリズムとは徹頭徹尾、「権力の監視」を使命とするジャーナリズムだと言える。それは次のように説明することができる。

権力に対する歴史的かつリアルな認識に基づけば、権力は必ず腐敗し暴走する。権力が人々に知られたくないと隠している事実、つまり不正や腐敗などの「不都合な」事実を暴露し、権力についての真実を人々に伝える活動が調査報道ジャーナリズムである。その暴露は証拠と証言に基づく事実によって行われる。

その活動が行われる理由が重要で、それは、権力をもつ人間や組織や制度の不正や腐敗を明らかにすることによって、権力の犠牲者や被害者を救済することである。その犠牲者や被害者とは、結果として人間的尊厳が毀損され侵害され剥奪されている状態の人々である。そのような人々の声に耳を傾け、その実情を公衆・社会一般に伝え、その人々の無念を晴らすことが目的である。これはこれまでジャーナリズムの使命として「権力の監視」と並んで「社会的な弱者、マイノリティへの寄り添い」と表現されてきたことに相当している。

調査報道ジャーナリズムとは、以上のような動機から、権力活動の謎に立ち向かい、真実を探求する「探査ジャーナリズム」だと言える。それは政治的に見れば、「主権在民」を名目として、ないしその虚構のもとで行われる統治の中で、為政者や統治者によって操作の対象とされてしまう市民社会およびその構成員との同盟関係に立って、統治機構＝国家のもつ権力を監視し、その活動の可視化と透明性を確保することである。

だからこそ、在野性や反権力性が特徴となるのだ。ここで反権力とは反政府や反大企業のことではない。権力とは、統治機構＝国家のような政治的権力を筆頭にして、それ以上のものである。少なくとも政治的、経済的、社会的権力が存在する。そして、権力とはどこにでもある。至る所にある。つまり偏在する。見える権力とともに見えない権力も「探査」の対象となる。

●どういう作品が「調査報道」か、その事例

最近優れた作品を出すAのつく通信社が2つある。米国のＡＰとフランスのＡＦＰである。昨年２０１６年のピュリッツアー賞のPublic Service部門（これは言い換えれば「権力監視」部門で、最高ランクの賞）を授賞したのがＡＰの”Are slaves catching the fish you buy?”である。これは、「米国のスーパーマーケットであなたの買っている魚を捕まえているのが奴隷だとしたら、あなたはその魚を食べますか」というストーリーである。インドネシアの漁船に監禁された奴隷状態の人々が捕獲した魚がタイの港に水揚げされ、そこの仲介業者から米国に運ばれ、米国の大手スーパーマーケットなどで売られているという事実を記事や映像で暴露した。その報道の結果、消費者からの抗議を受けて、スーパーマーケットやレストランはその魚の購入を中止し、タイの仲介業者は潰れ、２０００名の「奴隷」が解放された。21世紀になっても世界には奴隷が存在するのである。

＊ＡＰ：Are slaves catching the fish you buy?
〈http://www.pulitzer.org/winners/associated-press〉

2016年ピュリッツアー賞を授賞したAPのチーム

ＡＦＰは２０１４年７月の中国西部・新疆ウイグル自治区における中国警官隊による住民デモ弾圧事件の真相を追っている。外国メディアとして初めて現地に入り取材している。日本のメディアは報じないが、ＡＦＰの記事の日本語版を提供しているＡＦＰＢＢ Ｎｅｗｓでは読むことができる。このＡＦＰの報道は、上記のＡＰの報道と並んで２０１６年５月に出された「2015 Human Rights Press Awards」を授賞した。*4 これは英語と中国語のアジア報道を対象にして香港外国人特派員クラブ、香港ジャーナリスト協会、香港アムネスティ・インターナショナルが協同で出している賞である。アジアで起こっている人権侵害の事実について、米国やフランスの通信社のほうが食い込んだ調査報道をしているという現状がある。

新疆ウイグル自治区における中国警官隊による住民デモ弾圧事件を報じる AFPBB News

＊ＡＦＰ：Something Hideous Happened in Elishku, Xinjiang

〈http://www.afpbb.com/articles/-/3047149〉（ウイグル住民「中国警官隊がデモ隊を射殺」、昨年7月の事件めぐり証言）

〈http://www.afpbb.com/articles/-/3071513〉（中国、フランス人記者を国外追放へ　ウイグル関連記事の撤回要求）

ここではごくわずかの事例しか挙げられないが、これらの報道は世界の調査報道ジャーナリズムの背後にある一つの認識を共有している。それは人間的尊厳が傷つけられ、侵され、奪われている人々が置かれている状況を発掘し、直視し、事実によってその現実をパブリック（公衆）に向かって暴露していくことが使命だという認識である。そのような現状認識をよく表しているのが、Thompson Reutter Foundation が制作した "Modern day slavery ? Supply Chains"（現代世界の奴隷制——サプライ・チェーンズ）である。まずこのビデオをご覧いただきたい。先進国で消費するモノやサービスの供給は第三世界の人々の奴隷労働によって支えられているという構図が描かれており、この問題への感受性を喚起しようと作られている。世界の調査報道ジャーナリストは世界に存在する現実の不幸に目を閉ざさない。

この視点は昨年4月4日のＩＣＩＪ（国際調査報道ジャーナリスト連合）による「パナマ文書」報道にも引き継がれている。なぜＩＣＩＪはそれを報じるのか。誰のためか。そのことを明快に伝えるためにＩＣＩＪは報道解禁の日からサイトに "Victims of Offshore"（オフショア＝金融用語で法規制・税制の緩やかな海外における非居住者取引のこと＝の犠牲者）というアニメのビデオを掲載した。租税回避地を使った脱税によって洗浄され浮いたカネが世界中の権力犯罪（戦争犯罪、人身売買、組織犯罪など）の資金源になっており、その不正義の犠牲者たちのために、その救済のためにこの報道を行う意味があるのだということが明示されている。こういう視点が日本のメディアの「パナマ文書」報道にはあっただろうか。読者・視聴者に問題提起をしただろうか。

こうしたＩＣＩＪの立ち位置は、Whistleblower（情報告発者）の匿名ジョン・ドゥー自身によってあとから承認された。彼は「パナマ文書」報道が解禁された1ヶ月後に南ドイツ新聞に長文の声明文「革命はデジタル化されるだろう」を寄せ、その中で世界における収入の不平等（つまり経済的格差）が無策のうちに放置されていることを批判し、具体的には租税回避という、エリートたちの底なしの腐敗は倫理的基準の完全崩壊へと達しており、それは「最終的には、私たちがなお資本主義と呼び、しかし経済的奴隷制に等しい、新しいシステムへと導いていく」と予告している。[*5] ここでも奴隷制がキーワードになっているのは偶然ではない。それは理性的に観察する人間の共通認識なのだ。ジョン・ドゥーは手に入れた情報を単に漏洩《ろうえい》したのではない。彼は自らの思想に基づいて世界を告発したのである。こうした情報告発者の思想と勇気に起動されて調査報道ジャーナリストは仕事を開始することができる。その仕事は隠された情報を知ってしまった者の良心の発動に依存しているのである。

Modern day slavery - Supply Chains (2013)
https://www.youtube.com/watch?v=YRu6CaXTAxA
ICIJ: Panama Paper "Victims of Offshore" (2016)
https://panamapapers.icij.org

●どういう組織があるか——時系列によるアウトライン

今日、調査報道ジャーナリズムに関わる組織は世界中にたくさんある。それらが重なり合いながらグローバルなムーブメントを形成している。組織のタイプとしては、調査報道の発信媒体、調査報道ジャーナリストのネットワークやセンター、両方を兼用するものの3つがある。ネットワークやセンターは調査報道ジャーナリストの教育・研修や授賞やデータベース作成など協同の目的や役割を担っている。いずれもが非営利組織である。これまでの流れを見るために、それらの中から重要と思われるものを取り上げて、設立された年の時系列で見ていこう。それらのサイトもご覧いただきたい。

＊１９７５年：Investigative Reporters and Editors (IRE)（調査報道記者編集者協会）

〈http://www.ire.org〉

米国で非営利組織による調査報道ジャーナリズムの動きが静かに始まるのは１９７０年代である。ＩＲＥは調査報道のアイディアや取材技術やニュースソースをお互いに共有し、調査報道の質の向上をはかるためのフォーラムとして記者と編集者によって作られた。トレーニングセミナーを提供し､賞を出している。現在、ミズーリー大学ジャーナリズム・スクールに事務局を置く。

＊１９７７年：Reveal: The Center for Investigative Reporting (CIR)（暴露：調査報道センター）

〈https://www.revealnews.org〉

米国で最初の非営利の調査報道メディアとしてＣＩＲが設立された。当初は書籍によって発信したが、その後テレビ、公共ラジオ、ビデオ、ウェブ、ＳＮＳとあらゆる媒体を使いこなして、「マルチメディア･プラットフォーム」の路線で発信を続けている。カリフォルニア州に所在。

＊１９８９年：Center for Public Integrity（公共の高潔さのためのセンター）

〈https://www.publicintegrity.org〉

80年代末になると、ＣＢＳのプロデューサーを務めたチャールズ・ルイスがこのセンターを設立し、非営利の調査報道ニュース組織として活動を開始し、この運動をリードしていった。ワシントンＤ・Ｃ・に所在。

＊1989年：Philippine Center for Investigative Journalism (PCIJ)（フィリピン調査報道ジャーナリズムセンター）

〈http://pcij.org〉

ＰＣＩＪをもってアジアでの嚆矢《こうし》とする。米国以外では１９８９年という驚くべき早い時期に、９人のフィリピン人ジャーナリストによって数百ドルとたった一台のタイプライターで設立された。活発で競争力のあるプレスが存在するフィリピンの伝統の中にあって、締め切りのプレッシャー、激しい競争、コストの締め付け、安全な記事などの理由でニュースの深い掘り下げができていないという現実への反省から生まれた。自らのウェブサイトでの発信のみならず、調査報道記事を新聞や雑誌に提供し、ドキュメンタリー映画やテレビドキュメンタリーを制作し、書籍を刊行している。国内のみならず、インドネシア、タイ、ミャンマー、カンボジア、ベトナムなどでも研修セミナーを開催し、アジアに調査報道のスキルを広めてきた。エストラーダ大統領の資産隠しなどの腐敗を暴露し大統領を失脚に追い込み、また住民やジャーナリストが殺害された「マグインダナオ虐殺」をドキュメンタリーで取り上げてきた。このセンターはＧＩＪＮ会長のデービッド・カプランによって、これほど「称賛を得た非営利組織はほとんどない」「アジアにおける調査報道の価値基準に成長した」と評価されている。[＊6] この創立メンバーの一人、シェイラ・Ｓ・コロネルは現在米国のコロンビア大学ジャーナリズム・スクールの教授に迎えられて、調査報道のために国際的に活動している。

＊1997年：The International Consortium of Investigative Journalism（ＩＣＩＪ）（国際調査報道ジャーナリ

スト連合）
〈https://www.icij.org〉

チャールズ・ルイスはCenter for Public Integrityを母体としてそこから、調査報道ジャーナリストの個人加盟の国際組織ＩＣＩＪを設立した。現在65カ国から１９０名以上が加入している。２０１６年の「パナマ文書」報道で有名になった。２０１７年２月、Center for Public IntegrityはＩＣＩＪとのこれまでの密接な関係を解消し、相互に独立して活動することを明らかにした。その背景に何があったのかは私にはまだわからない。

＊２００３年：Global Investigative Journalism Network（GIJN）（世界調査報道ジャーナリズムネットワーク）
〈http://gijn.org〉

調査報道ジャーナリズムを支援し奨励し発信する非営利組織が集って作っている国際団体で、２００３年にコペンハーゲンで開催された第２回調査報道ジャーナリズム世界大会（GIJC）に際して設立された。現在62カ国、１４５組織が加盟している。日本からの加盟はまだないが、ワセダクロニクルは加盟を申請している。

GIJN加盟組織の世界地図。日本にはまだ印が付いていない。

＊２００６年：The Investigative Reporting Program (IRP) at U.C. Berkeley、s Graduate School of Journalism（カリフォルニア大学バークレー校調査報道プログラム）

〈http://investigativereportingprogram.com〉

元ＣＢＳプロデューサーのローウェル・バーグマンがローガン夫妻の寄付金を受けて大学に調査報道ニュース組織を作った。学生も参加しており、ＰＢＳのドキュメンタリー番組"Frontline"でも成果物を放送している。

＊２００７年：ProPublica: Journalism in the Public Interest（プロパブリカ：公共の利益のジャーナリズム）

〈https://www.propublica.org/〉

運用を開始したのは2008年。その2年後に２０１０年のピュリッツアー賞の調査報道部門を授賞したことにより、ネットメディアの授賞として注目された。その後も多くの賞を授賞して、独立した非営利の調査報道メディアの成功例として有名になった。財源は米国の大型民間財団からの助成金である。ニューヨークのマンハッタンに所在。

＊２００８年：リーマンショック

この世界的金融不況は調査報道ジャーナリズムに大きな転機をもたらした。スポンサーが広告費をメディアから大量に引揚げていく中で、多くの地方紙が潰れ、大手のニューヨーク・タイムズなどでも記者のリストラが行われた。経営縮小の方針の下で、カネもヒトもかかると見なされた調査報道は予算および要員の削減の波に襲われた。解雇されたり、残ってもやりたい仕事ができなくなったりした記者たちがネット上に非営利の調査報道メディアを立ち上げ始めた。リーマンショックはそれまでの広告モデルをとる既存メディアに大きな危機をもたらしたけれども、逆に調査報道ジャーナリズムを非営利のニュース組織で担っていくというイノベーションの契機となったと言える。

米国アメリカン大学調査報道ワークショップのサイト

＊２００９年：Investigative Reporting Workshop at American University（アメリカン大学調査報道ワークショップ）

〈http://investigativereportingworkshop.org〉

ここで３度目に登場するチャールズ・ルイスだが[*7]、彼は助成財団からの資金を得て、ワシントンＤ・Ｃ・にあるアメリカン大学の教授になり、そこに調査報道に特化したニュース組織を立ち上げ、調査報道の発信媒体と大学の教育とを結びつける試みに乗り出した。大学を拠点にした組織モデルであり、ジャーナリズム研究所がワセダクロニクルの創刊に至る準備段階で参考にしたものである。

＊２００９年：Institute for Nonprofit News（INN）（非営利ニュース協会）

〈http://inn.org〉

リーマンショックの翌年、早くも非営利ニュース組織の団体が設立された。当初創設メンバーとして27組織で設立されたが、現在は北米の１００

を超える組織が加盟しており、それぞれの活動の質の維持・向上に努めている。

＊２０１２年：Korea Center for Investigative Journalism (KCIJ) - Newstapa（韓国調査報道ジャーナリズムセンター：ニュース打破）

韓国「ニュース打破 Newstapa」のサイト

〈http://newstapa.org〉

フィリピンに継いでアジアで第二の動きが２０１２年に韓国で生まれた。解雇されたり、レイオフされたりしたジャーナリストを中心に8名で設立された。2台のビデオカメラと1台の編集用パソコンで労働組合のスペースに間借りして始めた。その背景には２００８年の保守政権成立後のメディアへの管理強化があり、それに抗議して言論の自由を守ろうと闘ったジャーナリストが次々に排除されたことがある。政治的な理由で解雇されたジャーナリストは15名に及ぶ。そうした状況の中で、独立した調査報道ニュース組織へのニーズが高まり、ジャーナリストたちが立ち上がったのである。報道姿勢では、メインストリーム・メディアで報道しない重要なテーマをカバーすることを方針とし、政府や大企業の不正や腐敗に焦点を当てている。毎週1回30分の調査報道ニュースショーを掲載するウェブサイトのほか、ユーチューブ、パドキャスト、ケーブルテレビのパブリックアクセスチャンネルなどさまざまのプラットフォームで発信し、ツイッターやフェイスブックなどのS

NSをコミュニケーションに多用している。財源は個人の支援会員からの寄付のみであり、広告や個人以外の寄付（政府、政党、労働組合、企業、宗教団体などからの寄付）は取らない。ウェブサイトを見ると、2017年2月末現在で会員数を4万2626名と表示している。月極で1000円の銀行引落しにより寄付する会員が一番多いということなので、仮に全員がそうだとして計算しても、年間寄付金総額は5億円超に達することになる。その額にも驚くが、さらに会員の構成で注目すべきは、30歳代が30％、40歳代が42％を占めていることである。合計すれば、30〜40歳代で4分の3となる。ちなみに50歳代は12％である。*8

「ニュース打破（ニュースタパ）」は世界で唯一、個人支援会員の寄付金を安定財源とした非営利調査報道ニュース組織であり、その成功例だと言える。キム・ヨンジンが編集長を務める。

＊2014年：CORRECTIV（コレクティブ）

〈https://correctiv.org〉

欧州で注目すべきは、2014年にドイツのベルリンに設立された非営利調査報道メディア「コレクティブ」である。ルール地方を中心とする広域圏新聞WAZの社主だった故エーリヒ・ブロストの夫人アンネリーゼ・ブロストの個人財団であるブロスト財団から3年間の存立保障として300万ユーロ（約4億3000万円）の寄付金が拠出されて設立された。*9 つまり財源は一人の個人の大口寄付金である。日本で言えば、朝日新聞の社主村山家の寄付によって設立されたようなものだと言えよう。ニュース週刊誌『シュピーゲル』を退社して編集長に就いたマルクス・グリルのもとで活発な報道活動を展開している。注目すべきは、南ドイツ新聞や北ドイツ放送協会（NDR）など既存メディアとのパートナーシップ、協働関係で大きな成果を挙げて、一般の認知度を高めていることである。トルコのエルドラン政権が１５０名以上のジャーナリストを逮捕拘禁してジャーナリズムを弾圧している中で、今年に入って、トルコのジャーナリストたちがドイツに設立した「亡命編集局」の居場所をコレクティブが引き受けたことで、現在コレクティブはトルコ右派より激しい攻撃に晒されている。

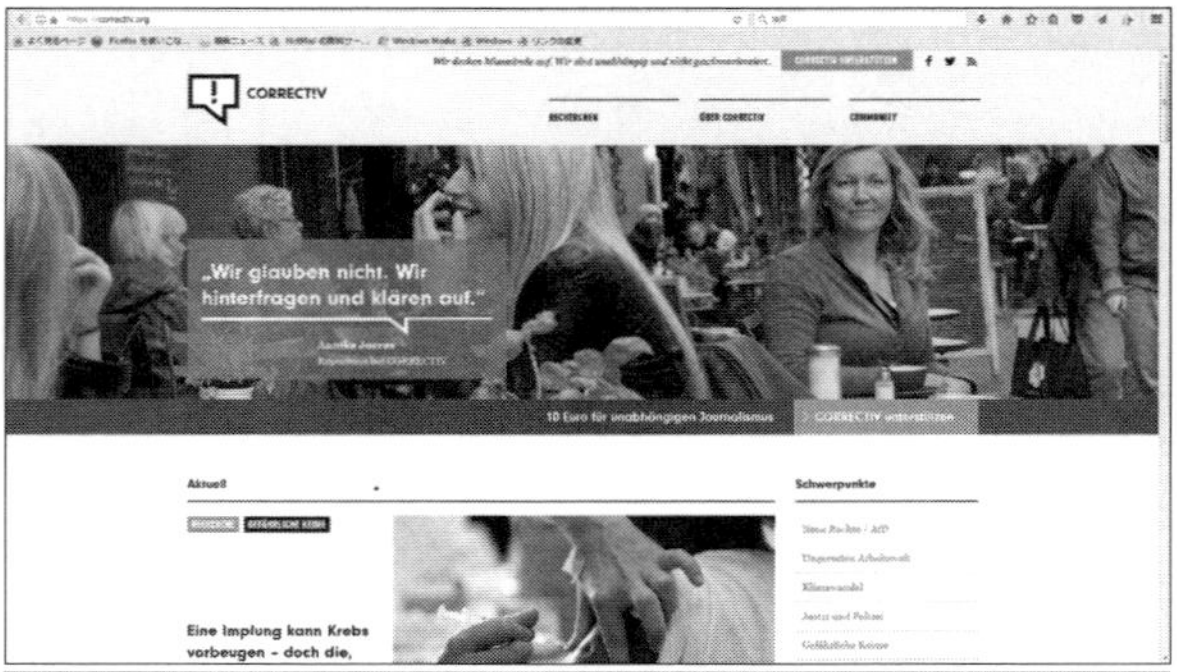

（上）ドイツ「コレクティブ CORRECTIV」のサイト
（下）台湾「報導者 The Reporter」のサイト

＊２０１５年：報導者 The Reporter

〈https://www.twreporter.org〉

フィリピン、韓国の次は台湾に調査報道のニュース組織が立ち上がった。ＩＴ企業の社長・童子賢の５００萬元（約１５００万円）の寄付を基にした設立基金によって２０１５年9月に設立され、同年12月に発信を開始した。ベテラン記者の何榮幸が編集長を務める。設立された背景には、速報ニュースで競い合う台湾のメディア環境を改革しようという問題意識があり、それを調査報道（中国語では「深度報導」）によって実現しようとしている。「財団法人報導者文化基金」が寄付金を受け入れ、そこからニュース組織の運営経費を充当するという仕組みを採っている。基金の規模は設立後も拡大を続けてきたが、今後は大口寄付と並んで個人支援会員の拡大をはかる方針だという。[*10] 画面いっぱいに大きな写真や動画を使う迫力のあるデザインである。２０１６年12月に入って、台湾船籍のマグロ船団でインドネシア人の船員に不法な労働が強いられているという事実を暴くキャンペーン報道を行った。その報道の結果、台湾政府が規制に乗り出し、改善策が講じられたという。そのマグロは日本へ輸出され、私たちが食べているわけで、先に挙げたＡＰの報道との繋がりが想起される。

＊２０１６年：Waseda Investigative Journalism Project（ＷＩＪＰ）（早稲田調査報道プロジェクト）

＊２０１７年：Waseda Chronicle（ワセダクロニクル）

〈http://www.wasedachronicle.org〉

早稲田大学ジャーナリズム研究所／早稲田調査報道プロジェクト／ワセダクロニクルの設立・創刊の経緯については本稿の冒頭で述べた通りである。以上の国際的な流れの中に置いて見るならば、日本におけるキャッチアップの開始だと言える。グローバルなムーブメントの一翼を日本でも担おうという試みである。詳しくは本書に収録の渡辺周編集長の論考に譲ることとしたい。

●調査報道ムーブメントの特色と存立条件

冒頭でも明らかにしたように、ワセダクロニクルは研究開発実験プロジェクトである。その開発の柱としては

３点を挙げることができる。①調査報道ジャーナリズムのコンテンツモデルの開発（これには、調査報道の方法の革新および確立を通じた品質の開発、デザインを含めた表現方法の開発、配信手段としてのメディア・プラットフォームの開発が含まれる）、②財源モデルの開発、③市民社会との連携のためのコミュニケーション・プラットフォームの開発、である。これが日本の条件の中でどこまで達成できるかが、ワセダクロニクルの成否のカギとなるだろう。

短い歴史をもつ、このグローバルなムーブメントにおいては、何が試みられ、試されているのだろうか。その特色とは何だろうか。筆者はこれまでの観察を踏まえて以下の３つの項目を抽出し、『調査報道ジャーナリズムの挑戦――市民社会と国際支援戦略』（旬報社）の中で記述した。[*11] 詳しくはそちらも参照していただきたい。ここではその３つの項目と前述のワセダクロニクルの３つの開発事項を関連付けながら述べていきたい。

（1）非営利（Non-profit）――ウェブのもつ思想

20世紀を席巻したマスメディアの財源モデルは広告収入、販売収入、放送の場合の受信料収入であり、それらの組み合わせであった。広告収入はマスメディアの広告媒体としての機能への対価であり、スポンサーが支払った。販売収入は媒体に掲載されているコンテンツへの対価であり、新聞・雑誌の読者や映画の観客が支払った。放送受信料は放送電波を受信する者が支払わなければならない「特殊な負担金」とされた。ところが、先に述べたように１９７０年代ころから米国で「非営利」という選択が登場してきて、今日21世紀に入ってはっきりと浮上していたのである。広告や販売を通じて営利を求めない、つまり利潤を目的としないという経済モデルである。では、何から財源を得るのか。寄付である。

経済モデルとして考えたとき、利潤を得ずして、一体どのようにして拡大再生産していくのか、どのようにして設備投資の資金を捻出すのかという問いが出てくる。20世紀マスメディアの場合、それは装置産業であり、確かに初期の設備投資と維持管理のために「資本」が必要であった。したがって、誰でもがメディアを所有できるわけではなかった。この条件を決定的に変えたのは新しい技術の登場だった。インターネットであり、それを舞台としたウェブの登場と普及である。誰でもが、装置を所有することなく、世界中へ向かって情報を安価に発進することができるようになった。メディアの構造が根本的に変わったのである。そこで、資本ではなく、寄付によってウェブ・メディアを運営できるようになった。

しかし、寄付とは善意と自発性に基づくものであり、強制は働かない。問題は誰が寄付をするのか、誰による寄付で成り立つのか、である。そこにはさまざまのバリエーションがある。それが次の項である持続的発展可能性の問題へと繋がっていく。ただ、この寄付モデルには20世紀米国に先行事例がある。ＰＢＳである。米国の公共放送は受信料ではなく、寄付によって賄われている。企業や財団や個人が寄付をして、番組の最後に小さくその名前が出る。企業や財団や個人としては自分の利益になる広告宣伝ではなく、社会に貢献するための慈善事業として寄付を行っているわけである。そのようにしてＰＢＳの看板ドキュメンタリー番組 "Frontline" は経済的に成り立っている。

ところで、非営利とは寄付によってだけ成り立つとは言えないかもしれない。利潤を追求しない社会企業というものも登場してきている。ＮＧＯやＮＰＯという組織形態でなく、企業という形態での非営利の可能性を最初から排除することはできないだろう。

では、ワセダクロニクルはどうか。その非営利という性格は「大学に拠点を置く」（university-based）ことによって実現されている。大学という公共財という性格の組織の中にあるジャーナリズム研究所の一つの研究プロジェクトなのである。ＮＧＯやＮＰＯのように独立した組織ではないけれども、大学という制度の中に拠点をもち、ニュース組織ないしメディアとしての独立性と非営利性を確保している。非営利組織の国際団体であるＧＩＪＮも「大学に拠点を置く」ことで加盟の条件である非営利性を満たすとしている

（2）持続的発展可能性（Sustainability）――さまざまの財源モデル

先に世界のさまざまの組織事例を紹介したときにそれぞれの財源についても触れた。寄付という括り方であっても、いくつかのタイプがあることがわかる。それはそれぞれの置かれた国の条件にもよる。

①民間大型財団の助成金

これは米国特有と言ってもよい。米国にはビル・ゲイツのように事業に成功し巨万の富を築いたあとに引退し、財団を作って社会に貢献するという伝統がある。そのような創業者個人によって作られた助成財団もあれば、大企業によって作られた助成財団もある。こうした民間財団は数えれば切りがない。そうした助成財団の豊富な資金が環境、ヒューマンライツ、貧困、医療、教育、文化などの分野に提供され、米国内や国際的なＮＧＯやＮＰＯの活動を支えている。そのような資金によって米国ではＮＰＯやＮＧＯが雇用をも産み出しているのである。ＮＰＯやＮＧＯで仕事をするということは無償のボランティアでなく、適切な報酬が支払われるジョブになっている。

そのような民間助成財団が調査報道ジャーナリズムにも助成金を出すのである。その総額は全体に占める割合

からすればまだ小さいものではあるが、それでもCenter for Public IntegrityやProPublicaなどのメディア、ＩＣＩＪやＧＩＪＮなどの国際組織はこうした民間財団から助成金によって賄われている。

②個人の大口寄付金

成功した事業家やその遺産相続人などが個人として大口の寄付をして、それを設立資金にして調査報道ニュース組織が立ち上がるというタイプである。これは米国でもそれ以外の国でも世界中で見られる。純粋に個人の選択なので、どこの国でもありうるということである。

ただ、米国の大型民間財団の成立の背景や個人の大口寄付金の背景として、税制の問題があることは指摘しておきたい。そうした巨額の寄付を優遇し誘導する税制があるということである。

③個人会員の寄付金

この事例は韓国の「ニュース打破」のところで説明した通りである。このモデルで成功している唯一のものだと言ってよい。これは韓国特有と言えるのかどうかは、他の国でこのモデルの成功例が生まれるのかどうかを待たなければならない。念のため確認しておけば、これは会費を払って会員になった者だけが見られるという会員制サイトのことではない。誰でもが見ることのできる調査報道サイトの運営を支援するための寄付である。

このモデルには大きな長所がある。個人の大口寄付には初回の寄付以降の意志の継続性が保障されていないし、大型民間財団からの助成金には次回以降の獲得の連続性が保障されていないという不安定性が存在する。資金獲得のためのファンドレージングの努力を大きなコストをかけて恒常的に行わなければならない。それに対して、個人会員モデルではそのコンテンツが多数の支援者から支持される限り、あるいは多数の支援者からの支持を得られるコンテンツを出し続けられる限り、財源は安定しているということである。まさに持続的発展可能性が保障される状態である。しかし、それはコンテンツと支援者の間の共振関係が生まれるかどうかにかかっている。仮に優れたコンテンツが出せていたとしても、それに共鳴する受け手市民がいなければ、成り立たない。

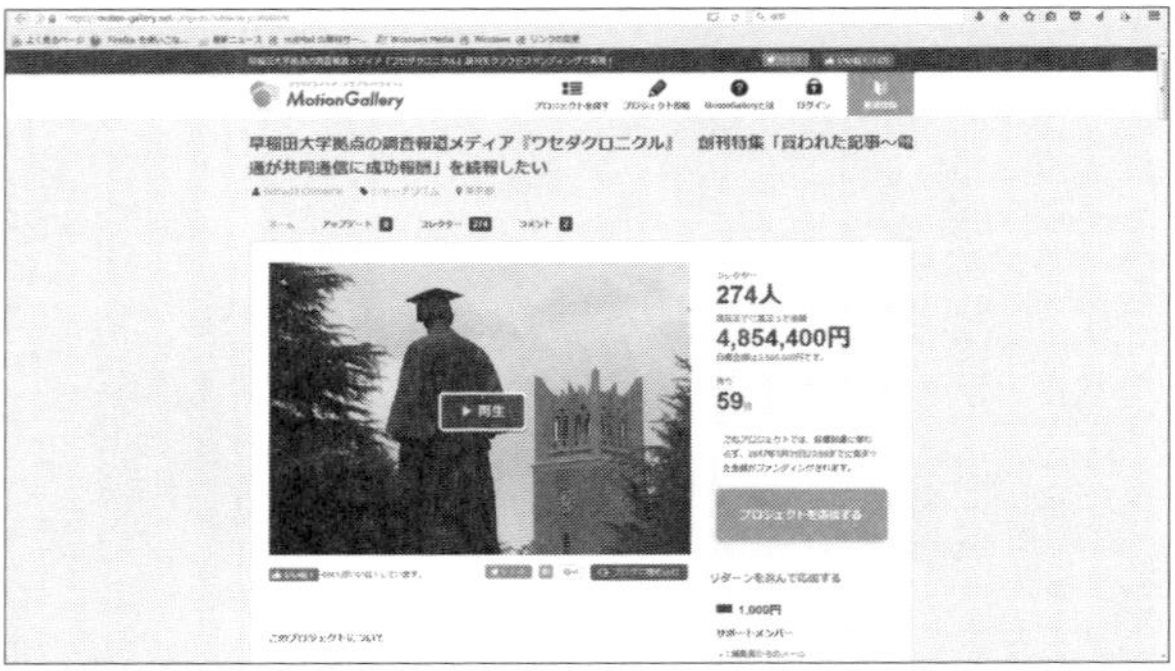

ワセダクロニクルのクラウドファンディング @MotionGallery

では、ワセダクロニクルの財源はどうか。設立にあたっては個人大口寄付金も財団助成金もなかった。決して試みなかったわけではない。日本有数の民間財団に出した渾身の申請書には不採択の回答のみが届いた。台湾の「報導者「The Reporter」に設立基金を出した童子賢のように「所有しない、介入しない、回収しない」（個人的に所有しない、組織や報道内容に介入しない、見返りを求めない）という「スリー・ノー原則」*12を自ら打ち出して寄付を申し出る人に出会うことはなかった。ワセダクロニクルは事業計画も資金計画も立てられない中で、そういうものを持たずにスタートに踏み切ることになった。起業の常識からすれば、確かに常識から外れたやり方だろう。しかし、そういう計画や用意が整うのを待っていたら、日本の条件では永久に立ち上がらないというのも常識だと言える。創刊に向けた準備期間の活動費、特に取材費はＷＩＪＰのメンバーの拠出金と研究所への寄付金で何とか賄われてきた。残念ながら、人件費を出せる状態ではない。

創刊後の財源モデルはクラウドファンディングと個人支援会員の寄付金である。その導入準備を創刊までの半年以上をかけて着実に進めてきた。２月１日の創刊と同時に特集「買われた記事」に対するクラウドファンディングをMotionGalleryで開始した。目標額の３５０万円はわずか19日間で達成され、支援額は今も増えている。コレクター（寄付者）の残したのコメントを読むと、日本の市民社会の中にワセダクロニクルへの共鳴板が存在し、共振していることを感じる。もしこれがうまく行くならば、MotionGalleryの代表・大高健志がミーティングで使った言葉を借りれば、「クラファン・ジャーナリズム」という分野が成り立つかもしれない。クラウドファンディングで成功している事例は世界にはまだない。成功を焦らず、地道に成果物を出していくべきだろう。

もう一つの個人支援会員の寄付金は「ニュース打破」を参考にした。大学の社会連携課（旧・募金課）とは大学へのクラウドファンディング導入の話し合いもしたが、大学寄付サイトの改修も話し合った。事務当局および大学からは両方で全面的な協力が得られ、感謝している。大学寄付サイトではジャーナリズム研究所を指定して毎月１０００円、２０００円……という寄付がクレジットカード決済によってできる仕組みが、創刊前までに改修されて使えるようになった。ただ、世界のほかのシステムを見るとき、使い勝手についてはなお改善の余地があるのではないかと考えている。その寄付の動向はまだ情報を得ていないので、言及できない。

（３）パートナーシップ（Partnership）――既存メディアとの協力関係

諸外国の調査報道・非営利ニュース組織が新聞社や放送局など既存メディアとどのような協力関係を進めているかは、前記の本の中で具体例にそって描写したので、ここでは繰り返さない。本稿では先にベルリンのコレクティブのケースでは多少触れた。問題は、そのようなパートナーシップやコラボレーションが日本でも可能かということだ。創刊したばかりのワセダクロニクルにとって、これはまだ未知数である。相手あっての話であり、コンテンツを出していく中で初めて関係構築が始まるだろう。これは、日本に「新しいジャーナリズム文化」を作り出していけるかという問題である。

仮に国内でそのような協力関係が得られなくとも、しかし海外での協力関係には十分な手応えがある。なぜならそのようなジャーナリズム文化があるからである。すでに海外の調査報道ニュース組織やジャーナリストとの間での話し合い、情報交換、具体的連携の計画は進んでいる。日本でのワセダクロニクルの創刊は海外では歓迎されている。

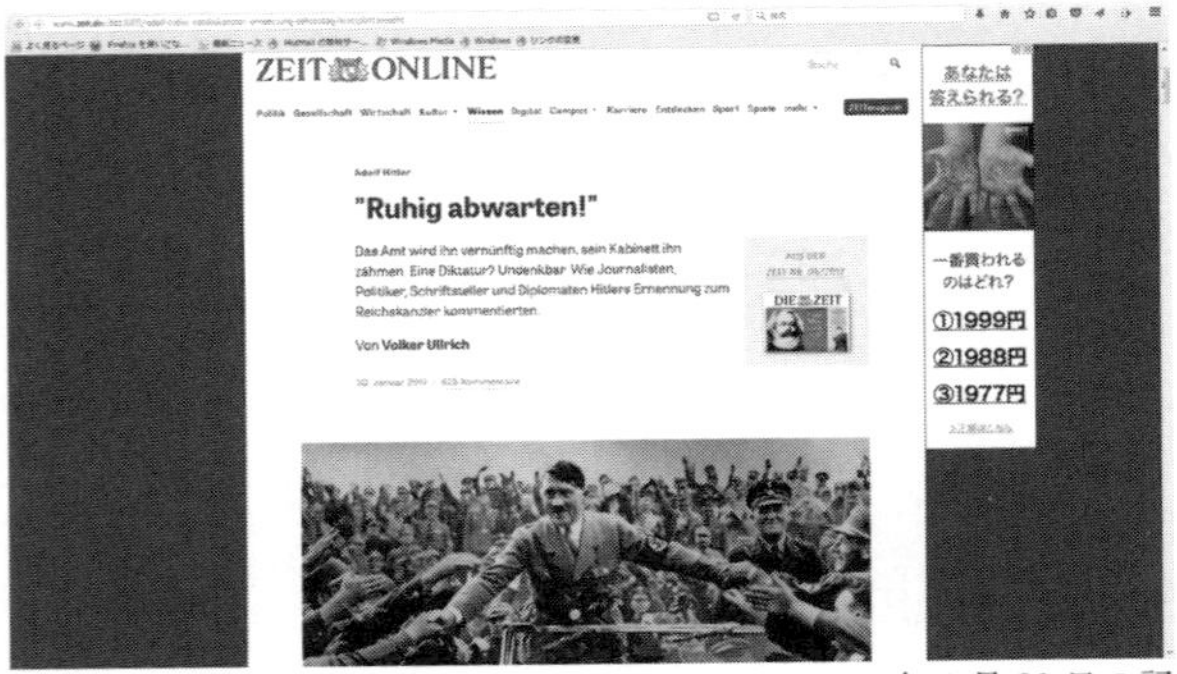

ドイツの週刊新聞「DIE ZEIT」オンラインの2017年1月30日の記事

●探査船「ワセダクロニクル」の出航

3週間弱前の2017年1月30日、ドイツの週刊新聞「DIE ZEIT」オンラインに「Ruhig abwarten!」（静かにして時期を待て！）という見出しの記事が掲載された。[*13] 著者は同紙のフォルカー・ウーリッヒ。ジャーナリスト、歴史家である。1月30日はドイツにとって特別な日である。ウーリッヒはそれに合わせてこの長文の記事を書いた。それはヒトラーが1933年に帝国宰相に任命されて政権についた日だ。その時に当時のジャーナリスト、政治家、著述家、外交官がどのように反応したかをこの歴史家は振り返っている。

驚くほど共通して、その座につけば理性的になるだろう、内閣の他のメンバーにしっかりした人物がいるから大丈夫だろう、独裁だって？　それはありえない、という静観ないし傍観の見方・態度で占められていた。ユダヤ人団体でさえその理事会声明で、「静かにして時期を待て！」との標語が今日特に有効だと書いた。そのたった5ヶ月後には憲法が無効とされ、州の権限が制限され、労働組合が解体され、政党が禁止され、プレスや放送が統制され、ユダヤ人の権利の平等が廃棄された、と著者は書く。

ウーリッヒはなぜ今これを書いたのだろうか。当然現在への警鐘からであろう。それはもちろんドイツだけに向けているわけではない。その時に立ち上がらずに静観したら、どのようになるか、権力というものがいかに素早くその意志を実現していくか、ということを読者に、あるいは同業者に伝えようとしているである。

コレクティブの編集長マルクス・グリルはこれに呼応した同業者の一人である。2月15日付けの「Das Netzwerk Recherche」（ドイツの調査報道ジャーナリストのネットワーク）のニューズレターの社説で、今のメディアはまさに「静かにして時期を待て！」に陥っているのではないかと述べつつ、トランプ大統領下の米国を見る時、「ナイフのように鋭く事実と取り組むこと、現実を願望で眺めることをやめること、これこそが私たちへの警鐘ではないのか」と結んでいる。[*14] 果たして日本のメディアやジャーナリストの態度は権力に対して静観や傍観に陥っていないと言えるだろうか。

こうした状況の中でワセダクロニクルは出発した。探査衛星としては打ち上げだが、これを探査船として見れば出航である。この探査船は帆船で、港を出て大海に達するまでのわずかの燃料しか持ち合わせていなかった。しかし、帆船の動力は風である。マストに帆を高く上げたワセダクロニクルに風は吹くか。その風はどこからやってくるのか。それは市民社会から吹いてくる風である。その風を推力として、そして世界の潮流に乗ってワセダクロニクルは進む。何のためにか。リバイアサンに接近して、それを観測し探査するためである。問題は市民社会がその観測・探査レポートを必要とするのか、それを得るために探査船にエネルギーを提供・供給するのか、である。その支援があって初めて、この航海は成り立つのである。市民社会の構成員の思想と用意が問われざるをえない。

しかし、同時に今、日本のジャーナリストは自らに問わなければならないだろう。ジャーナリズムというイズムは何のためにあるのか。誰のためにあるのか。ジャーナリズムという意識活動は誰のために何をすべきなのか。そもそも日本でジャーナリズムは必要とされるのか、されないのか。それは誰によってか。ジャーナリズムに正当性はあるのか。あるとすれば、その正当性をどこに、どうやって築くのか。そこが問題なのであり、私はそれを問題としているのである。調査報道ジャーナリズムのムーブメントとは、ジャーナリズムという「イズム」の実践者、すなわち「イスト」としてのジャーナリストが自ら当事者としてジャーナリズムの正当性を追求する闘いなのである。ここで、「ジャーナリズムの正当性」とはジャーナリズムの存在価値と言い換えてもよい。

私たちは私たちの発想、コンセプト、ポリシーでやっていく。つまりこの「ワセダクロニクル」という方針を選び取ってやっていく。もちろんそれが唯一の正解だとは思わない。別の方針も立つであろう。別の方針がある人々はそれでやっていくだろう。実際にすでにいくつもの試みが走っている。ワセダクロニクルは論評やコメントはしない。自分たちで掘り起こした事実（ファクト）のみを公衆に提供していく。つまり「ニュース」（まだ誰も知らない新しい事実）を記述して公開していく。だから骨が折れる。ネットでも既存メディアでも論評やコメントや感想で溢れ返っている。同じ原材料をみんなで反復利用して表出する、安易な過剰生産が行われているに過ぎない。いまやジャーナリズムの危機へのコメントやこのプロジェクトへの論評ではなく、「探査する」というアクションを起こして、ジャーナリズムを実践し、オリジナルな表現物を生産する時であろう。仮にワセダクロニクルがうまくいかなかったら、ほかの試みが生き残って持続していってほしいと願う。

リバイアサンには天敵が必要なのだ。無敵状態のリバイアサンはほかから制御を受けないために暴走し、人間を喰ってしまう。その権力を制御し、その濫用を防ぐためにこそ、「天賦不可侵」のヒューマンライツという思想、*15 立憲法治国家という概念、*16 Watchdog（権力監視）というジャーナリズムの使命がデモクラシーに埋め込まれているのである。

1年半前の2015年7月、ジャーナリズム研究所開設記念イベントの基調講演「『ジパング』の権力とジャーナリズム――ガラパゴスからロドスへ」の終わりに述べたことをもう一度繰り返して、今回の基調講演を終えたいと思う。

「日本のジャーナリズムには今こう言えるでしょう。ここはガラパゴスではない、ロドスなのだ、今ここで跳べ、と。逆立ちしていてはオリンピック選手のように覚悟の跳躍はできません。*17」

（本稿は2017年2月18日のワセダクロニクル創刊記念イベントにおける基調講演に加筆したものである。）

（注）

（1）ここで早稲田大学ジャーナリズム研究所の仕組みについて説明しておきたい。早稲田大学にはプロジェクト研究所という仕組みがある。総合研究機構が所管している。専任教員4名以上の提案によって総合研究機構にプロジェクト研究所の設立を申請することができる。申請書が審査されて承認されれば、設立することができる。設立後、所長は大学外部の人材を招聘研究員として嘱任することを総合研究機構に起案する。機構長によって履歴書や業績リストが審査されて、嘱任が承認される。大学から研究所に予算がつくわけではない。研究所の活動資金はすべて外部資金（寄付金、受託研究費、財団助成金など）によって賄わなければならない。加えて、教員である研究所員も外部から任用された招聘研究員も毎年「研究参加費」を納入して活動資金とする。まとめれば、プロジェクト研究所とは、資金も人材も大学の外部から調達して研究活動を行う研究所である。その仕組みで、大学が社会と連携しつつ、大学から社会へ向かって発信していくのである。現在活動中のプロジェクト研究所は１００を超える。

（２）マーク・リー・ハンター編著『調査報道実践マニュアル―仮説・検証、ストーリーによる構成法』（高嶺朝一・高嶺朝太訳）旬報社、２０１６年、22頁。

（３）前掲書、24頁。

（４）2015 HRPA Winners: http://humanrightspressawards.org/1151.html

（５）英語の声明文の全文は以下に掲載されている。
https://www.icij.org/blog/2016/06/panama-papers-source-offers-data-governments-hints-more（２０１７年2月28日閲覧。同声明文の掲載場所は時々移動する）

（６）デービッド・E・カプラン「調査報道ジャーナリズムを支援する国際的戦略」花田達朗・別府三奈子・大塚一美・デービッド・E・カプラン『調査報道ジャーナリズムの挑戦――市民社会と国際支援戦略』旬報社、２０１６年、137頁。

（７）チャールズ・ルイスは米国におけるムーブメントの中心人物である。彼については、２０１６年8月号の『世界』に掲載された、チャールズ・ルイス／国谷裕子「調査報道がジャーナリズムを変革する――パナマ文書と非営利報道をめぐって」（50～65頁）、立岩陽一郎「国境を越えるジャーナリズム――非営利報道という新潮流とチャールズ・ルイス」（66～72頁）を参照されたい。

（８）以上の記述の出典は、２０１５年10月にノルウェーのリレハンメルで開催された、ＧＩＪＮの「世界調査報道ジャーナリスト世界大会」（ＧＩＪＣ）におけるキム・ヨンジン編集長のプレゼンテーションによる。

（９）2015年10月6日、筆者がベルリンのコレクティブで行ったマルクス・グリル編集へのインタビューによる。

（10）以上の記述の出典は、林怡蕿「『報導者（The Reporter）』（台湾）の紹介」、２０１６年７月６日、ＷＩＪＰへのレポート：非刊行。

（11）花田達朗「いまなぜ日本で調査報道か――ジャーナリズムとグローバル市民社会の接続」花田達朗・別府三奈子・大塚一美・デービッド・Ｅ・カプラン『調査報道ジャーナリズムの挑戦――市民社会と国際支援戦略』旬報社、２０１６年、20～27頁。

（12）林怡蕿、前掲レポート、1～2頁。

（13）http://www.zeit.de/2017/05/adolf-hitler-reichskanzler-ernennung-jahrestag/komplettansicht

（14）Newsletter Netzwerk Recherche, Nr. 146, 15.02.2017

（15）ヒューマンライツ（基本的人権）は国家（統治機構）によって侵害されてはならない。ヒューマンライツ（基本的人権）は国家よりも上位にあるのだ。なぜなら、それは天が与えたものであるからだ。

（16）国家の作り方にはいろいろあるが、立憲法治国家という国家の作り方は、市民社会と国家（統治機構）の間で統治についての「契約書」を結んで、その契約書に国家がしてはならないこと、国家に禁止・命令されることを書き込み、その契約書に基づく統治を市民社会が国家に委ねるという国家の作り方である。その契約書では、市民社会の構成員である「私人」のもつ、「言論・表現の自由」（Freedom of Speech）を筆頭とするヒューマンライツ（基本的人権）を国家が侵害しないこと、それを国家が約束し、その約束の履行を保障している。その契約書を「憲法」と呼ぶ。そのうえで、その憲法に適合した目的と内容、および手続きによって産み出された法律に基づいてのみ統治が司法・立法・行政の三権によって行われる、つまり法による統治が行われることになる。これが立憲法治国家であり、近代国家の基本である。しかし、日本を含めて世界の政治家にはこのコモンセンス（常識）を理解しない者が多い。彼ら・彼女らは、以上の関係を逆転させて、憲法を自分たちの手にしている権力を行使するための道具と見なしている。つまり憲法を国家権力が市民社会を支配するための手段と見なしている。自分たち為政者は憲法よりも上に立てると見なし、為政者の都合に合わせて憲法を作り変えられるものと見なしている。

（17）http://www.hanadataz.jp/w1/20150704/roku01.html

Ⅳ. ◉シンポジウム——日本で本格的な調査報道ジャーナリズムは成立するのか

斉藤貴男（さいとう・たかお）フリージャーナリスト。１９５８年東京都生まれ。新聞、週刊誌記者などを経て独立。主な著書に『カルト資本主義』『機会不平等』『ルポ改憲潮流』『空疎な小皇帝「石原慎太郎」という問題』『消費税のカラクリ』『民意のつくられかた』『戦争のできる国へ　安倍政権の正体』『子宮頸がんワクチン事件』『「マイナンバー」が日本を壊す』など。２０１２年、『「東京電力」研究　排除の系譜』で第３回「いける本」大賞受賞。

萩原豊（はぎわら・ゆたか）１９６７年生まれ。東京大学文学部卒。ＴＢＳテレビ報道局「ＮＥＷＳ23」番組プロデューサー・編集長。１９９１年ＴＢＳ入社、報道局社会部、「報道特集」、「筑紫哲也ＮＥＷＳ23」、ロンドン支局長、「ＮＥＷＳ23クロス」編集長・特集キャスター、外信部・社会部デスクなどを経て現職。特別番組「ヒロシマ～あの時原爆投下は止められた」（総合演出）で文化庁芸術祭テレビ部門大賞受賞。東日本大震災では、原発事故30キロ圏内を取材。

古田大輔（ふるた・だいすけ）１９７７年生まれ、福岡県出身。２００１年早稲田大学政治経済学部卒、２００２年朝日新聞社入社。京都総局、豊岡支局、社会部、アジア総局（バンコク）、シンガポール支局長、デジタル版の編集などを経て、２０１５年10月に退社。同月、BuzzFeedJapan 創刊編集長に就任。

渡辺周（わたなべ・まこと）１９７４年神奈川県生まれ。２０００年に日本テレビから朝日新聞に入社し、特別報道部などで調査報道を担当する。高野山真言宗の資金運用や製薬会社の医師への資金提供の実態などを報じたほか、原発事故後の長期連載「プロメテウスの罠」では、高レベル核廃棄物の処分場をテーマにした「地底をねらえ」、福島県大熊町のルポ「原発城下町」を執筆した。２０１６年３月に朝日新聞を退社し、ワセダクロニクルの編集長に就く。

❖日本で本格的な調査報道は可能か

司会　第2部は「日本で本格的な調査報道ジャーナリズムは成立するのか」をテーマにパネルディスカッションをしていきます。登壇者は4人の方々になります。どうぞよろしくお願いいします。

萩原豊　「日本に本格的な調査報道ジャーナリズムは成立するか」という命題に対しては、「成立する」と思っていますし、今後ますます、その必要性が高まってくると考えています。というのは、伝統的な既存メディアで、調査報道をめぐる環境は必ずしも良くなっていない。それがあるから、渡辺編集長も朝日新聞を飛び出して、今、ワセダクロニクルで調査報道をされているのだと思います。

本来、報道機関には「通信社機能」と「独自取材機能」という二つの機能があります。ところが、現状、通信社的な機能が大きくなっています。今日、何が起きたのか、当局がどんな発表をするのか、会見を聞いたり、メモに起こしたり、テレビなら、その情報を、1分程度のストレートニュースにする、政治家がどこかで会合をすれば、そこで張り番をして、出てきたところでぶら下がる、そのような「通信社機能」と言える取材が、多くの部分を占めています。

独自取材の機能を果たすためには、表に出ていない重要な情報を掘り起こす、真実を知りながら話をしていない人を探し、説得をして、証言や資料を得る、といった取材をすることが必要です。通信社的な取材ばかりをしていると、独自取材を進める力や調査報道キャンペーンなどを展開していく力が低下していく、という悪循環になってしまいます。

調査報道が成り立つためには、いくつかの条件があると思いますが、一つは、記者に、調査報道を行うノウハウがあること。二つ目には、取材に割ける時間とある程度のお金があること。そして、三つ目には、信頼され、拡散力があるメディアで展開できるか、ということだと思います。インターネット、SNSの時代になってから、三つ目の重要性は条件として下がっています。1、2の、記者のノウハウ、そして時間とお金、ということをクリアすれば、本格的な調査報道は成立するだろうと考えます。

まず、記者のノウハウについてですが、一朝一夕に得ることはできません。僕らも新人の記者時代から、時に先輩に教えられながら、独自取材を、ひとつひとつ積み重ねて、力をつけていく。独自取材のネタを、他社に先駆けて報じるときには、小さなネタであっても、視聴者からどんな反響が来るのか、どんな反応が当局からくるのか、震えるような思いで、オンエアしていくわけです。その鍛錬を繰り返すことで、次第に大きなネタをつかんで、オンエアを実現できるようになっていく。そのようなノウハウが蓄積されていくことが重要なのです。

ところが、問題は、そういった蓄積をしていくための時間や経験が、既存メディアでも充分ではない。昔は、ルーティンを外れた遊軍の記者たちが、あちらこちらに顔を出して、時々、特ダネを拾ってくるものだと言われていました。いまは、記者たちに、時間の余裕が足りない状況。組織のなかで、独自取材を行うための「時間」を、どう確保していくのかも、具体的な課題だと考えています。

こうした状況のなかで、ノンプロフィットのワセダクロニクルのようなメディアが出てきて、むしろ、この分野をリードしていくようなことになれば、日本でも、既存メディア各社とも競い合い、本格的な調査報道が主流になっていく、大きなきっかけになるのではないかと思います。

斎藤貴男　実は、今日ここに来るまでは、日本で調査報道など永久にできないのではないかという気がしていました。私が学生だったのは、1970年代末のことでしたが、当時は「ニュージャーナリズム」というものが流行していました。立花隆さんや柳田邦男さん、上之郷利昭さんといったジャーナリストが調査報道をして書かれた記事が、雑誌によく発表されていて、それに憧れてジャーナリストを志したのです。本当なら朝日や毎日などの大新聞に入って、10年くらい記者をやったら、デスクになる直前くらいに会社を辞めて「元朝日新聞記者」とか言ってフリーデビューできたらカッコいいな、と思っていたんです。しかし実際には、大手はどこも採用されず、入れたのは産経新聞だけでした。しかも、その年の産経は整理部員しか採用しないということで、結局子会社系列の、日本工業新聞という業界紙に入りました。

最初は鉄鋼業界担当記者をやっていたのですが、今回、ワセダクロニクルの最初のシリーズ「買われた記事」と同じことを、自分がまず体験してしまったんですね。

当時、記者クラブにいた私のところに、部長から電話があり、今からすぐ社に戻ってこいと言われて戻ったところ、どこかの中小企業の社長を紹介されて、今からこの人の話すことを原稿にしろと指示された。「わが社の経営戦略」みたいな話でした。今でこそ私は、反権力とか、正義の味方のような本ばかり書いていますが、記者時代は「○○社は何日、何年度までの中長期計画を明らかにした。それによると……」なんて企業情報をまとめる原稿は得意でしたし、その記事は翌日の一面に大きく掲載されました。

とはいえ、自分は鉄鋼業界の担当なのに、業界とは関係のない話ををなぜ書かされたのかが不思議で、部長に尋ねたら、「君が書いた記事をもって、あの社長が銀行に行くと、それなりの融資が下りることになっとる。当然、わが社もそれなりのものを頂いている」だって。「おっと、君が言いたいことはわかるが、これは君の給料にもなるんだから、文句は言うな」と。

それを聞いて、俺はいったい何をしているんだろうと思いましたね。俺は記者になりたかったはずなのに、こんな恥ずかしいことをしているのか。情けなくって、記者クラブの隅っこで泣きました。

その後なんとか独立して、いろいろ本を書けるようになりましたが、今や雑誌もばたばた潰れていくし、仕事の注文もずいぶん減ってしまいました。正確にいえば、来ることは来るのですが、調査報道というよりは、今までやってきたことを今に合わせて膨らませ、適当に書いてくださいよ、みたいな注文のされ方というのかな。「斎藤さんは〝反権力業界〟の中で一定のマーケットシェアがあるんで、そこらへんで、なんかひとつ」という話です。私もすでに60歳近いし、あちこちガタもきていますから、どうせこんな世の中なんだし、こうなったらもうそんなのでもいいか、という気分になりかけていたときに、今日の催しにお声がけいただいた。まだまだ頑張っている人たちがこんなにいるんだからと励まされた思いで、非常に嬉しかったです。

❖インターネットメディアだからできること

古田大輔　バズフィードは2006年にアメリカで生まれたメディアで、現在、世界に1400人ほどの社員がいます。バズフィードジャパンは2016年1月にオープンしました。ニューヨークとロンドンに、調査報道のチームを置いていて、20人ほどの記者がいます。彼らが年間10数本ほどの、非常に密度の濃い記事を送り出しています。世界を股にかけた司法制度の話であったり、プロテニスプレイヤーの八百長疑惑についての記事だったり、アフガニスタンの米軍のプロジェクトが実質にはほとんど中身がなかったというような実態を暴いたり、かなり濃い取材をしています。また、通常のニュースリポーターとして記事を書いている人たちも調査報道を行っています。去年一番注目を集めたのは、アメリカの大統領選で、まったくでたらめのニュースサイト、いわゆるフェイクニュースに関する記事です。しかもそれをやっているのは、マケドニアなど、アメリカとは全然関係ない地域で、若者たちが金儲けのためにやっているものだった。それらのフェイクニュースが、ワシントンポストやニューヨークタイムズのニュースよりも、フェイスブック上でシェアされているという報道でした。

「今後日本で調査報道は実現するか」という問いについては、もちろん可能だと思っています。できるかできないかではなくやるかやらないかという話でしょう。さきほどお金の話が出ていましたが、様々なツールを使えば、以前ならすごく費用がかかっていたようなものでも、インターネット上でかなりの調査ができるようになったんですね。情報収集のコストが以前よりも非常に低くなってきている。そのスキルがあれば、以前ほどお金をかけずに取材ができるようなケースも増えてきました。

２０１７年1月、ある若者が作った韓国に関するデマサイトについての記事をバズフィードジャパンで報じました。ソウルで日本人の姉妹が強姦されたが容疑者の男性が無罪になったというデマニュースを流し、それが広まっていたのです。一個人が放ったデマニュースが、マスメディアよりも拡散力を持ってしまうような時代なんですね。つまり、20世紀までに想定されていた大きな権力だけではなく、個人もまたそれに匹敵するようなパワーを持つようになったということです。世の中に悪い影響を与えるものに関しては、大きな権力によるものであれ、個人の発信であれ、それをきちんと検証していかなければならないという時代に入っているということだと思います。

インターネットをつかえば、今までにできなかったこういった新しい分野での調査報道もどんどんできる時代だと考えています。

しかし、それは新聞やテレビ、メインストリームのメディアの人には難しいのかもしれない。それは自分がかつて朝日新聞社に所属していた実感です。

新聞社というのは、野球をやっているようなものだと思うのです。ファーストは防衛省担当、ピッチャーは総理番、サードは警察担当、というようにポジションが決まっていて、裁判が始まれば、よしショートの裁判担当動け！というように、各分野ではすごく良い動きを見せるのですが、分野横断的な話になると、とたんに動きが悪くなる。

バズフィードジャパンが２０１６年11月28日に出した記事で、ＩＴ大手のDeNAが運営する医療系情報のキュレーションメディアWELQが、組織的にマニュアルを作っていた記事を書かせており、盗用や不正確な記事が広まっていたという事件がありました。この問題に気づいていたのは、僕たちだけではなく大手新聞社の記者の人もいました。

しかしこの問題の核心を書けるのは僕たちだと思っていました。非常に分野横断的なテーマだし、新聞社の人は、何か「事件化」するまではこのことを書くことは難しいと感じていました。新聞社が野球なら、僕らはサッカーをやっている。ボールが転がってきたら、ゴールキーパーがオーバーラップしてシュートを決めてもいいような組織体制でやっていますから。30人しかいない僕らの組織が２０００人いる新聞社より早くゴールを決めることができる。

ネットという非常に自由度が高いツールを使った調査報道においては、ワセダクロニクルが、メインストリームのメディアでは書けないところを記事にしていったり、僕らのようなアメリカ生まれのインターネットメディアが先にゴールを決めたりすることができるという意味で、非常に面白い時代になってきたのではないかなと思っています。

❖調査報道は可能だ

渡辺周　今回の創刊特集「買われた記事」は、テーマ的にも非常に孤独な闘いになるだろうと思っていました。チーム内では他にも様々なテーマを並行して取材をしていますので、第1弾はもう少し既存メディアが追いかけやすいネタをやったらどうかという話もありました。ですが、それなら退職せず朝日新聞でやればいい話だし、今回はこれで行こうと決めました。

調査報道に関しては、朝日記者時代の後半に意識するようになりましたが、今思えば原点になったと思うのは、初任地だった島根県松江支局時代の経験です。

当時松江では、地元の人たちと、秘密結社のような集まりをやっていまして、宍道湖のほとりのおでん屋さんで〝謀議〟を交わしていました。その中で、ある病院で、呼吸器の電源が抜けて亡くなった患者さんがいるという話を聞いたんです。当然病院内は紛糾して、警察にちゃんと届け出をすべきだという話もあったようなのですが、患者は高齢者で重症な状態で運ばれてきた人で、呼吸器の電源が抜けなくても、どちらにしろいずれは亡くなっていた人であることから、病死、自然死として扱われた、と。とはいえ病院はきちんと報告はしなければならないわけですし、我々も取材していたわけですが、警察も医師もみな同じようなことを言うわけです。つまり、人工呼吸器の電源が抜けて心肺停止したが、一度その後蘇生しているんですね。その後に亡くなっているので、これは呼吸器の電源が抜けたことによって亡くなったとは言えない、と。業務上過失致死には問えないが、過失致傷ならどうなのか、というような非常に難しい範疇の事故だったわけです。

しかし、ある日僕は、亡くなったおじいさんの妻であるおばあさんのところに取材に行ったんです。家を訪ねたら、仏壇には、年を取ったおじいさんの写真ではなく、海軍時代の若いころのカッコいい写真が飾ってありました。そこでおばあさんに話を聞くと「どうしても許せない」と言うんですね。確かに、おじいさんは重症で、先はもう長くはなかった。けれども、人工呼吸器の電源が抜けて、心肺停止してしまったおじいさんを病院の人たちが必死で蘇生させようと心臓マッサージをしたことで、おじいさんは血をゲボゲボと吐いていたと言うんです。おばあさんはもうそんなことはしなくていいと言ったのに、病院の人は、そこで亡くならせるわけにはいかないから心臓マッサージを続けたんです。最後にあんなに苦しい死に方をさせたのはあまりにかわいそうだったとおばあさんは言う。

僕があの取材で思ったのは「誰の立場で記事を書くのか」ということでした。仕事をしている中で、誰でもミスはするし、ミスが起こるときは起こる。しかしそれを犠牲者の立場に立ってどう考えるかということ。今考えると、あの取材は原点だったと思います。

調査報道の定義に関してはいろいろあるかとは思いますが、今後、調査報道が重要になると痛感したもうひとつのエピソードがあります。

２０１６年、警察官僚だった大森義夫さんが亡くなった時のことです。大森さんは公安畑が長かった人で、内閣の情報調査室の室長も歴任した人です。要するに、権力のど真ん中で仕事をしてきた人で、相当いろんなものを見てきた人です。その大森さんが、２０１６年に亡くなる前にお便りを下さった。そこには「調査報道に命を賭けて下さい」と書いてあったのです。これは、励ましの言葉として非常に嬉しいのですが、大森さんが書くということは相当危機的だな、と感じました。お便りを頂いたあとにお会いしてお話を伺ったときに、メディアがジャーナリズムの中で弱すぎる、へっぽこすぎる、とおっしゃっていて、こんなことでは今後どんなことになるかわからん、と話されていた。権力の中枢にいた人がこんなことを言うんですよ。自分たちをチェックするメディアの力が弱いと言っているんです。これは本当に危機的な状況なのだと思いました。

「日本で調査報道は可能か」という問いに関しては、「できるかできないか」ではなく「やるかやらないか」だと思います。僕たちはお金がなくて10人くらいでやっています。学生のリサーチャーの力は借りていますが、朝日新聞の記者は2000人いて調査報道ができないとは「どういうこと?」と思います。できないのは、フォロー取材ばかりやっているからだと思います。何より重要なのは、「落とさないこと」、「特オチ」をしないこと。自分が担当している分野に関してはしっかり守備範囲を守る。陣地からは出ていかないが自分の陣地は守るということをしているわけで、今、日本中のメディアがそういう取材をしています。明日になれば分かることを、今日書く、ということにエネルギーを注いでいる。落とさない、抜かれないためには、夜回り朝駆けをして、そのエネルギーは相当なものです。そのエネルギーを調査報道に使えばいい。「(記事を)落とさない新聞」なんて、誰も求めていないと思います。

だから当然ながら、「調査報道はできるのか」という問いに対しては、「できる」ということだと思いますね。

❖調査報道って何だ?

司会　私はワセダクロニクルの広報担当ですが、普段は、調査報道とは無縁な仕事をしています。そのようなど素人の僕からすると、「調査報道とはなんぞや」ということがいまひとつ分からないのです。世間の一般の人にとっては、「調査報道」という土台そのものも知られていないような気がします。「今、調査報道のことに関わっているんだよ」と僕が友人に話しても「調査報道って何?」と言われてしまうんですね。一般の人に「調査報道」というもののイメージを分かりやすく伝えるにはどうしたらいいのでしょうか。古田さんいかがでしょうか。

古田　まず、ニュースを書くときにいくつかパターンがあるということ。特に多いパターンは、事件、事故、災害など、突発的に起こったことを取材するというものです。次に多いのは「発表」です。例えば「警視庁は何日に何々をした」とか、政府がいつ何を発表したかなどを記事にすることです。それ以外にあるのが独自取材です。相手が隠そうとしてきたものを、僕たちが取材で見つけだして明らかにするというものです。それが独自取材であり調査報道です。しかし、この違いを一般読者の皆さんに分かってもらうのはなかなか難しいです。

インターネットのニュースは、良い記事だとシェアやツイートで拡散されていきます。それが非常に影響力を持っているんですね。しかしその影響が、新聞やテレビだと非常にわかりにくい。テレビのニュースで特ダネを流したとしても、視聴率が跳ね上がるかというとそんなこともありませんし、新聞でも、特ダネを打ったといっても部数が増えるかといえば、そんなことはない。しかしインターネットでは、それが本当に価値のある特ダネならば、すごい勢いで拡散していくんです。なので「調査報道とは何か」という定義を知ってもらう必要もなく、良い記事は広まるものだと思っています。

斎藤　「調査報道」という定義に、「反権力」が付随するかしないのかということに関しては、私は当然付随するものだと考えていました。取材する側の人間にとっては重要なテーマです。

私が学生時代に流行していたニュージャーナリズムなども、それはそれで問題はあった。やたらと見てきたような書き方をするんですね。例えばウォーターゲート事件でも、記事を書いた人（『ワシントン・ポスト』のボブ・ウッドワード記者ら）がニクソンとキッシンジャーの密談を再現しているんですね。しかし実際にはニクソンは取材に応じていませんから、キッシンジャーが言ったことだけで構成している。私はニュージャーナリズムに憧れていたので、独立した後にそのような書き方を真似ていた時期もあるのですが、会話を交わした人たちの記憶はそれぞれで違うし、完全な再現はどのみち不可能です。どうしてもやろうと思えば、取材相手にもう一方の話を伝えて、「あちらはこう言ってるけど、本当はどうなんですか」などと、交互に、何度も何度も確認を繰り返していかなくてはならなくなってしまう。重要な話しであるほどすりあわせられるものではないし、あまりしつこくすれば、「もう、これまでの取材もなかったことにしてくれ」と言われかねない。それで結局、昔からある週刊誌式の文体で、「○○は自分の取材に対してこう語った」といったふうな、あまりカッコ良くない書き方しかできなくなったんです。

ともかくネットが出てくる以前は、たくさん取材して、当事者にも当たって、過去に出ている資料や本なども皆あつめて、情報公開請求して、というようなやり方で、べらぼうにお金がかかりました。それでも私が40代くらいまでのころは、それなりに取材費が出たし、人も付けてくれたのですが、現在では、少し大げさに言うと、雑誌でも調べたりお金がかかるくらいだったら取材なんかしなくていい、だいたいで書いてくれなんてぐらいのもので、真っ当な報道そのものがきわめて成立しにくい状態に陥りつつある。

私は今でも、インターネットで情報を拾ってくることに対して抵抗があるんですが、現実的に、なんでもかんでもいちいち本人に会って話を聞くようなやり方では、その人が近所にいてくれるのならともかく、北海道に10万円かけて取材に行って、記事では1行しか使わない、というようなことではさすがにばかばかしい気がしてくる。しかし、私にとっての調査報道とは、今でもそういうイメージが強いんです。

❖権力の監視はできているか?

司会　調査報道の定義が広く知られていなくても、このようなスタイルの取材があるのかと、広まっていくのではないかと思います。調査報道は、僕たちのような記事を発信するやり方と、テレビなどの映像の報道では、伝わり方も違うと思いますが、やはり映像は非常に強いインパクトがあると思います。ネットの拡散力とテレビのインパクトとどっちが強いかというのはなかなか判断がしにくいですが、ワセダクロニクルが調査報道を今後続けていくにあたって、テレビの方々からみて何を工夫したらいいと思われますか?

萩原　番組では、警察権力に関して、独自取材を行ってきました。具体的な例を出しますと、ある大阪在住の男性が、夜にマンションから出てきて路上で電話をしていた。その近くに停められていた車が傷つけられていたことに気が付いた車の所有者が、近くいた、その男性の犯行と考えて警察に通報。男性は、夜中の1時ごろ、警察署に連れて行かれて、朝まで厳しい取り調べを受けました。その後、一度家に帰された男性が弁護士に相談したところ、次の取り調べではICレコーダーを持って録音するように、とアドバイスを受けて、隠して録音をしたのです。その音声には、「警察なめとんのか!とにかく早く署名しろ!」というような、暴力的な怒鳴り声が長時間、記録されていました。番組では、その音声と本人のインタビューとともに、事件の経緯、問題点について、15分ほどのニュース特集として放送しました。なぜその音声を流したのかというと、その人の告発がなければ決して表に出てこない、警察権力に関する重要な問題であること、自白の強要は、これまでも冤罪の温床となってきたこと、また当時国会で、刑事訴訟法の改正案が議論されていて、取り調べの可視化などについても俎上に挙がっていた時期だったので、取り調べの録音録画の必要性を訴える問題提起にしようと考えました。このニュースでは、録音された「音声」という、揺るぎないファクトが、伝えるうえでの「核」となりました。

ここで、「警察とメディアの関係」でお話しておきたいことがあります。警察は、捜査情報を持っていますから、マスコミは、事件の発生や逮捕情報の発表、あるいは、夜討ち朝駆けをして刑事から情報を得る、という関係があるわけです。

しかし、やはり、僕らメディアは、市民の側に立って、警察をチェックするという機能を果たさなければならない。捜査情報をいち早く入手して、明日、誰々が逮捕されます、という特ダネを打つだけではなく、もし、警察権力が不当に行使されていたら、市民の側に立って問題提起しなければならない。

目的ではありませんが、結果として、視聴者の方々に、テレビは、市民の側に立って報道してくれる、社会に不可欠な存在だと思っていただけるメディアでありたいと考えています。声を上げることができない、かすれるような声の拡声器となる、と後輩に日頃言っています。報道機関としての重要な役割はここにあると、日々考えながら取り組んでいます。

警察権力のチェックという意味で、もう一例お話しますと、大分県警が参院選の際に野党系の支援団体に出入りする人物の撮影をするために、隠しカメラを設置していた問題がありました。隠しカメラが発見されたとき、その映像が必ず存在するはずだと、取材にかかり、記者が映像を独自に入手して、番組で報道しました。映像には、署内の打ち合わせも撮影されていて、他の捜査でも隠しカメラを使用したことを示唆する内容でした。この報道は、捜査上、警察が隠しカメラを私有地に設置していいのか、しかも、民主主義の根幹である選挙運動で許されるのか、という重要な問題提起です。警察がそこまでやっていいのかという、〝権力のチェック機能〟を果たそうとしたわけです。警察だけではなく、報道機関のチェックの対象は、政府、政治家、そして、大企業なども含めて、広く〝権力の監視〟をしていくべきだと考えています。

先日、記者志望の学生と話をした際、その彼が友人に、新聞社に入りたい、テレビ局に入りたいと話したら、「なんでお前は〝マスゴミ〟なんかに入りたいの?」と言われた、という話を聞きました。けれども実際にOB訪問をして現場で働く記者たちに話を聞いたら、そんな人たちではないことがようやくわかりましたと。この話も象徴的ですが、このところの、既存メディアに対する、ある種の「空気」を考えますと、市民からメディアが敵視されつつある、あるいは、テレビも新聞も権力と同じ側で利益を分け合っている、そんな風に見られているのではないかと……。

ご承知の通り、アメリカのトランプ大統領が、メディアを市民の「敵」と見なし、偽ニュースを垂れ流している、と繰り返すことで、市民とメディアを分断しようとしていますが、同じような状況が、日本でも起こり得るのではないかと、懸念しています。

❖プロとして

斎藤　今、荻原さんがおっしゃった最後の話ですが、事態はさらに複雑で深刻なことになっているのではないかとも思います。もしもマスコミが権力にべったりなのがけしからん、と言われているのであれば、むしろありがたいことです。しかし今は例えば「このメディアは〝反日〟だからけしからん」と言うような批判が半端でなく多い。

ですから、正直な話、調査報道で反権力的な報道をやることが、即、市民に支持されるのかという点に関しては、必ずしも自信がありません。やらなければならないからやる。そういう感覚です。

私は1981年にマスコミの世界に飛び込んだのですが、当初は、記者クラブにいれば、取材相手の新日鉄や日本鋼管が勝手に資料を持ってきて説明してくれる。資料をほとんど丸写しすればそのまま記事になる。世界で一番チョロい仕事なんじゃないかと思ったのが第一印象でした。次に思ったのは、記者クラブの記者があまりにも威張っているということ。１９７０年に八幡製鉄と富士製鉄が合併して新日本製鉄が誕生して以来、鉄鋼業界への注目度はハネ上がりました。私が記者になったのはこの合併から10年以上が過ぎていましたが、大手の新聞で鉄鋼担当になる記者はエリートコースだった。私は小さな業界紙だけれども、他社の先輩たちは、駆け出し時代に支局で特ダネを連発し、本社の経済部に上がって通産省や日銀などを担当したあとに鉄鋼担当になったような優秀な人たち揃いです。そんな状態だから、業界紙だから支局がなく、そもそも人材が薄いので配属されてきただけの新人になんか、最初は誰も挨拶さえ返してくれなかった。

この時に感じたのは、取材先にも記者仲間にも相手にされないような記者では話にならないということです。誤解を恐れずにいれば、極端な話、癒着もできないようではどうしようもない。最低でもその気になれば癒着できるくらいの力はあって、その上で相手との距離を取ろうとする姿勢が必要なのだと痛感しました。

最近は「マスゴミ」とまでバカにされて、もちろんそう言われて当然というような部分もなくはないのだけれども、どの社の記者もものすごく卑屈になっていますね。「ネットで批判されたらどうしよう」と他人の評価ばかり気にしている。僕らは何の専門も持っていないが、調べたり書いたりすることでお金をもらう、プロの記者として仕事をしている。記者の人たちはみなさん、オレはプロのジャーナリストなんだと自信を持ってやって欲しいと思う。

渡辺　僕はテレビ局からの転職組で、春採用で朝日・日経・毎日・時事、そして共同も新聞社は全部落ちたんです。それで秋採用で受けたら、やはり連絡はこなかった。けれども2人欠員が出たということで補欠で朝日新聞に入ったんですね。入社試験の時に、僕が集団面接の中で、こいつはいいな、と思った人は一人も残っていないんです。ジャーナリストの卵みたいな人たちを、どんなところから引き上げて、業界に入れていくかということは本当に真剣に考えていかないと、メディアはますます信頼を失ってしまうと思いますね。

❖人脈は呪いだ

古田　バズフィードジャパンの創刊編集長に就任したときに、バズフィード全体の編集長だったベン・スミスという人物がいました。彼は僕と年齢が一歳しか違わないのですが、アメリカで新聞記者をやっていた人物で、その後、ポリディコという政治メディアで記者、コラムニストとして活躍していて、特ダネ記者として名を知られていました。その後バズフィードに引き抜かれて２０１１年に編集長になりました。

バズフィードジャパンに入った際、彼にアドバイスを求めたんです。自分が朝日新聞の記者だったころは、名刺一枚で誰にでも会えたし、社内の人にも人脈を紹介してもらえるし、そのようなやり方で取材をしてきた。しかしその組織を離れて、日本ではまだ誰も名前を知らないようなインターネットメディアに入って、本当に取材をしていくことが可能なのかがすごく不安だったんです。しかしその時彼が言ったのは「人脈は呪いだ」ということでした。人脈があるからこそ書けないことが山ほどあるだろう、と。一発勝負をかけて取材すれば書けることはたくさんあるだろうと。確かに、その通りなんです。

バズフィードはこの1年で、政治系、経済系の特ダネはほとんど出せていない。企業のトップ幹部や政治のトップクラスの人脈にコネクションがほとんどないので、情報が集まらないし、その分野に非常に弱いのですね。しかし、逆にそのへんの人脈に食い込んでいるような人たちが、政治系の特ダネを次々と書いているかというと、そんなこともない。

だから「人脈は呪いだ」という言葉を胸にして、独立系のメディアとして頑張っていきたいと思っています。強いコネクションがなくても、インタビューや特ダネが取れることもある。

バズフィードの報道には理念があります。それは、人々の生活にポジティブな影響を与えるようなことを報道するということです。僕たちは人気取りのために報道をしているわけではないし、正義の味方として賞賛されたいわけでもない。ただ僕たちが僕たちの判断として、最終的に、この件は絶対に世の中の役に立つと確信できることを伝えているんです。バズフィードでは、真偽の確認が取れていないトランプ大統領とロシアをめぐる調査文書を公開しましたが、これは社内の議論の末に、この記事を出すことは、社会にポジティブな影響を与えるだろうと判断し、批判覚悟で公表したのです。調査報道を行う際に、これは市民の支持を受けそうだ、というような判断は入+れるべきではないと考えています。

❖フリーだからできること

斎藤　フリーになって思ったのは、もともと全然知らない人で、初対面で名刺交換したような関係でも特ダネはとれてしまうことがある、ということです。

私の場合、先日亡くなった三浦朱門さんに取材したときのエピソードがあります。あの方は教育課程審議会の会長だった人物で、「ゆとり教育」の真の目的として、「できんやつはできんままで結構、これまで非才・無才にまわっていた手間ヒマ金をエリートに振り向けるのがゆとり教育の本当の目的だ」と、私の取材に対して語りました。公教育が優生思想に染まっていく、現在に至る悪夢の始まりです。その言葉を引き出せたのは、私が三浦さんと親しかったからでもなければ、インタビューの名手だからでもありません。まずは三浦さんがシンパシーを感じていそうな雑誌で取材に行こうと考えて、『諸君!』という文藝春秋の保守系雑誌の、交替したばかりでこの分野に詳しくない新編集長を、もちろん嘘はつきませんが、悪く言えばごまかして、そこで記事を書かせてもらうことになったんですね。あとはインタビューの盛り上げ方ひとつです。ただ、三浦さんにしてみれば、『諸君!』のライターだからあけかけにしゃべったのでしょうが、なにしろ優生思想を私は批判するのですから、最終的に『諸君！』では載せてくれずに、いきなり単行本に書く形になりました。フリーならではの「作戦勝ち」だったと思っています。

もうひとつは、『週刊文春』の記者だったころのエピソードです。週刊誌によくある「あの人は今」という特集がありますよね。かつての人気者や事件を起こした人が、今はどうしているのか暴いてやれという、取材の大義名分も何もない、興味本位の記事です。読む方は面白いのかもしれないけれど、取材する側にとってはとても嫌ァな仕事です。それなのに当時の週刊誌記者というのはひどく高圧的で、訪ねていった相手がドアを閉めようとするのに足を挟んで、「あなたには話す義務がある！」なんてやっていた。それで私は、昔、一世を風靡した女性実業家の今を取材して来いと言われたのだけど、本人の行方は不明で、彼女の別れた夫の住所と電話番号だけがわかった。でも、だからといってその元旦那さんのご自宅にいきなり押しかけても、もしかしたら再婚しているかもしれないし、そんなところにズカズカ上がり込んで、分かれた元奥さんの話をしてくれなんて言えないよと考えて、その方の家の近くの公衆電話から取材申し込みの電話をかけたんですね。そうしたら彼は、「いままでいろんな記者が同じような取材に来たが、こういうのはあんたが初めてだ。再婚相手のことまで気にかけてくれたって？　気に入った、飲もうじゃないか」と言われて、朝までじっくり話を聞きました。もっとも、お目当ての彼女はとうに亡くなっていたということで、記事にはなりませんでしたが。初めて会う人でも、そのような関係を作れて良い記事が書ける可能性もあるということですね。

❖相手の現場、相手の懐に入って

渡辺　取材対象との距離感について基本的に思うのは、政府は権力であるとか、組織として彼らにどう対応すべきかというのがあっても、個々の人に関しては、例えば警察だから全員悪い、というようなことはないわけです。

どんな職業でも必要だからその職業があるわけすし、組織の中が、全員同じ考え方なわけでもない。自分の仕事にちゃんと誇りを持って、自分の組織が違う方向に行っていることに、忸怩たる思いを持っている人もいる。そのような人たちとどう繋がっていくかが重要です。単に「権力対メディア」という構図で見るのではなく、実践の現場では、相手の懐に入っていって、ある程度同じ意識をもっている人をどう探していくことができるのかということでしょう。

そういう人たちと繋がっていないと、経験上でいうと、最後の一押しはできないし、核心に迫る部分には到達できない。相手側の岸に行かないと取ってこれないネタがある。記者会見でどんなに怒鳴っても、しゃべらないものはしゃべりませんし、取材手法としても、職業や業界でばかり見て、この業界の人はみんな悪い人、この業界の人はみんないい人、というような単純なやり方では良い話は取れない。そこは是々非々でやっていけば良いのではないかと思います。

萩原 メインストリームの既存メディアが、もっと「独自取材」の部分で盛り上がっていけば、より望ましいと考えています。僕はロンドンに駐在していた時期もあったのですが、イギリスのテレビ、新聞は、何が発生したのかという、いわゆるストレートニュース系の情報は、ロイターやAPなどの通信社に頼りつつ、ニュースの背景や影響、あるいは調査報道の展開など、本質的なところの取材を、そのメディアの記者たちが独自に深めていく、そんなやり方をしていました。日本では、一つの現場に、新聞・テレビの数だけ、あるいはそれを上回る人数の記者やカメラが群がるようなことが起きていますが、そのエネルギーを、今以上に独自取材に向けていく仕組みを、各社が構築していくことが必要ではないかと思っています。

❖少なすぎる国や自治体のネット情報

古田 取材全般に関わる大きな問題として、インターネット上に公開されている情報が少なすぎるということがあります。

例えば官房長官会見は首相官邸HPに文字起こしが掲載されていますが、本人がしゃべった部分のみで、記者による質疑応答の部分は掲載されていない。アメリカなら、ホワイトハウスのウェブサイトを見ればわかりますが、誰がどんな質問をしてどこを言い間違えたかまで全て書かれてあるので、チェックをするのが非常に楽です。日本よりずっと多くの会見や情報が公開されている。

例えば富山市議会など各地で不正請求が発生して問題になった政務活動費についても、我々がその情報を取るためには、資料のコピーを1枚20円払わなければならない。政治家が税金をどのように使ったかということを調べるのに、我々がお金を払わなくてはならないというのはどう考えてもおかしい。函館市議会など、最初からインターネットでオープンに公開しているところもありますが、いまだに1800自治体のほとんどは、1枚20円払えと言うんです。

さきほど僕は、インターネットによっていろんな取材費用が軽減されたと言いましたが、こんな基本的なところでお金がかかったり、依頼書をファクスで送れと言われたりするような自治体が大量にある。

それを変えることに対する隠れた抵抗勢力は、既存メディアではないでしょうか。既存メディアはお金があるし、資料請求に1枚20円のコピー代を払う予算を最初から見込んでいるから、別にかまわないし、これがおかしなことだと気づくチャンスがない。もしもこれらが全部ただで公開されていれば、僕たちが東京からわざわざ出かけていってコピーを取る必要がなくなる。データに強い人がいれば、それらのデータをダウンロードして数字を整理して、ここところがおかしい、というような調査報道が簡単にできるのです。

我々の調査報道や取材活動をじゃましているのは、昔からあってみんなが疑問にすら思っていない謎のルールがあるからです。全国の記者クラブの方々が、記者クラブで紙資料を配るのではなく、ネットで公開しましょうよと言ってくれれば、東京から出張しなくてもデータが取れるようになるし、メディアだけではなく市民ひとりひとりがチェックできるようになる。オンブズマンの方々がお金をかけて調べなくても良くなる世の中というのは、やろうと思えばすぐできることです。まずはそこをみなで実現していきたいと思っています。

斎藤　最近は「アストロターフィング」という言葉があって、強いて訳すと「人工芝運動」です。昔ながらの「草の根」の運動は、例えば、ある病気の患者団体が、この薬を認可してくれというような当事者運動を広げていく。自然に広がっていくから「草の根」なのですが、「アストロターフィング」は、同様の運動をその薬のメーカーや関連企業が仕掛け、主にネットメディアを動員して、表面上はまるで草の根運動のように見せかけるやり方です。これはネットの発達と裏腹の関係にあり、ネットの情報が全て正しいわけではないというひとつの症例です。インターネットを利用すれば技術的にできてしまうことがたくさんあって、もともとはジャーナリズムの文脈で語られるべき理念が、マーケティングの方法論で語られてしまう場面がすごく増えています。ですからワセダクロニクルが最初の仕事で「買われた記事」を報じたことは、地味かもしれませんが、非常に重要な意義があると思うのです。

❖命を賭けてでもできるか

渡辺　最後にどうしても言いたいことがあります。3年前、サンフランシスコに調査報道の記者と編集者が集うＩＲＥ(Investigative Reporters & Editors) の大会に参加したときのことです。世界中から来ているジャーナリストたちといろいろ話していると「うちの国では今年5人のジャーナリストが殺された」というような話が出てくる。アフリカのジャーナリストに、「あなたはどんなことを取材しているの？」と聞くと「ヒューマンライツ」だと言う。人権すら保障されていないような国で、みんな身体を張って取材をしている。

翻って日本では、朝日新聞の襲撃事件なども過去にありましたが、今現在、日常的にジャーナリストが殺害されるような状況にはなっていない。

国連特別報告者として、日本における表現の自由の現状を調査したデビッド・ケイ氏が来日したときにお話する機会があったのですが、彼は「日本のメディアは政権に弾圧されているのではないか」と言う。だから、僕たちに具体的な政権からのプレッシャーはなかったのかというエピソードを聞きたがる。しかしそのようなプレッシャーは「特にありません」みたいな話になってしまう。そもそも安倍政権に関しても、第一次安倍政権のときは、メディアから一斉批判を受けました。しかし現在はまったく様子が違いますね。メディアに対して政権からのプレッシャーが特別にすごくあるわけではないが、ケイ氏にこの現状を説明するのはとても大変でした。「日本には『ＳＯＮＴＡＫＵ（忖度）』というものがあるのですが知っていますか？」と。

日本では昔から不正や不祥事が起きたりするたび、調べてみると、関わった人たちに極悪人みたいな人は誰もいないんですね。しかし、ひとりひとりがシステムの歯車の役割を担って、お互いに空気を読み合い、全体としてはめちゃくちゃなことをしてしまうような状況になる。たかが忖度、されど忖度、みたいなところがある。

ジャーナリストが今この会場を出たらすぐに逮捕され、連行されるような状況になってからではもう遅いのです。今の日本では、ペンが剣に負ける前にパンに負けてしまっている状態です。こんな状態では、この先に「剣」が来るようになったらどうしようもないじゃないですか。経済的なものを否定するわけではないですが、もうちょっと頑張りませんか、と言いたいです。

❖マスゴミの将来

司会　会場から質問を。

質問者　学生です。記者を志望しています。萩原さんに「友人からマスゴミを志望するのか、と言われる」という話をしたのは僕です。今、大学に通っていても、新聞を読んでいる学生は非常に少なくて、電車で新聞を広げて読んでいたら「お前変態か」と言われるほどに、新聞を読まない学生がほとんどです。ネットでは、2ちゃんねるとかSNS経由の情報ばかりが流れてくる。フェイクニュースが問題になっていますが、見ている情報もほとんどがフェイクニュースになんじゃないかなと思っています。新聞社も紙が厳しくなっていく中で、これから新聞社ってどうなってしまうんだろう、と記者志望の学生として思うのですが、第一線で活躍されてるみなさんにご意見を伺えれば。

斎藤　企業体としての新聞社ということでいえば、おそらくそんなに未来はないと思います。新聞社が特に致命的だと思われるのは、学生がネットがあるから新聞を読まないという話よりも、新聞自らが自分で信頼をなくすようなことをやっているということです。

私が絶対に許せないのは、消費税が次に10%へと引き上げられる際、日本新聞協会が新聞の定期購読に軽減税率を適用してくださいと自民党に陳情を重ねたことです。その〝甲斐〟あって、2015年の暮れには閣議決定もされました。権力の側に何事かをオネダリすれば、必ず見返りを求められるということです。第二次安倍政権の誕生以来、新聞やテレビのトップがしょっちゅう安倍首相と会食していますね。もう何十回にも及んでいます。実は国会でもかなり追及されている。昨年の2月には、ストレートに軽減税率と世論誘導の裏取引をしているんだろうという質問も飛び出しました。安倍総理はもちろん否定しましたが、まるで説得力がなかった。

ところが、これほどの重大なやりとりさえも、新聞に載らないんです。追及したのは民進党の所属で、元々は経産省の役人だった議員でした。私は彼に会い、「このままでは誰も新聞を信用しなくなる。日本の民主主義はどうなってしまうのか」と尋ねてところ、彼は、「日本の新聞なんか、そもそも信用してる人がこの世にひとりでもいるのかね」と返してきた。彼は続けて、「霞が関の官僚が、新聞記者のことをなんと呼んでるか知ってます?」と言うので、「知りません」と答えると、「〝池の鯉〟って言うんですよ」。つまり、パンパンと手を打てば寄ってくる鯉のように、ネタというエサをちらつかせれば、思いのままに書いてくれ

る、と。頭には来ましたが、かなりの程度は当たっている
のでは怒るに怒れない。
媒体がどうこうということは考える必要はないと思いますが、企業体としての新聞社は、非常に危うい状態であると思っています。

萩原　僕はテレビ局に26年前に入社しました。内定式を迎える最後の最後まで、テレビにするか新聞にするか迷っていましたが、テレビを選びました。当時は、媒体で選ぶということをしたわけですが、今、メディア志望の学生には、「個としてのジャーナリスト」として、どこに入ったとしても、さまざまな媒体で発信していける力を身につけて欲しいと助言しています。現場で情報を取り、映像も撮影し、その成果を、テキストでも動画でも表現できる力。新聞でも、テレビでも、ネットでも、あるいは雑誌でも通用するような取材力、表現力を持つことが必要だと思います。

一方で、斉藤さんがおっしゃられたように、社会の、メディアに対する信頼が失われていくことが最も懸念されます。もし本当に、日本から信頼されるメディアがなくなってしまったら？　その後、何が起きるのか？　そういう時代を想像すると、今何をすべきなのか、自ずと見えてくると思います。テレビも新聞も、皆さんの信頼と期待に応える報道をしていかなければなりません。

古田　デバイスとしての新聞紙が復活するということはもうほとんどないと思います。現在僕は39歳ですが、僕の周囲ですら新聞紙を読んでいる人はほとんどいない。今から20代の人が「いや、やっぱり新聞はすばらしいね」と新聞紙を読み出すということは絶対にないし、今後新聞紙はゆるやかになくなっていくであろうことは間違いないです。

次に、ビジネスモデルとしての新聞社というものを考えてみます。現在、新聞社の収入はほとんど紙なんですね。しかし前述したように、今後は紙の新聞を読む人は減っていきますから、収入も急激に落ちていくことになる。その場合、別の収入源を見つけなくてはなりません。そのメインはもちろんインターネットになるでしょうね。これまでの2つの話だけすると、新聞社の未来は絶望的ですね。しかし、3つ目として、メディア組織としての新聞を考えると、やはりこれは圧倒的に強いです。読売にしろ朝日にしろ編集局で2000人、全社で5000人がいる。全国津々浦々に取材網があって、データベースも持っている。過去100年分のデータもあるし、予算も使える。僕は今も時々新聞社時代の仲間と飲むのですが、彼らが嘆いているのをみると若干頭にきます。ネットメディアは給料も安いし首

切りも当たり前ですが、みんなとても頑張っている。なのに、そんなに給料もらって絶対に首にならないポジションにいて、何を嘆くのか。

インターネットが生まれるまでは、メディアはごくごく一部のところが、全ての情報を集約して持っていたわけです。それを新聞にして拡散するには、まず輪転機で印刷しなくてはいけないし、配達網もなくてはならない。それが強力な障壁になっていたので、限られたメディアしかそれを持つことができなかった。しかしインターネットが生まれてからは、いつでもどこでも誰でも情報の受信と発信ができるようになった。それによって大手メディアの競争相手は、それまで数百社だったのが、一億人全てが競争相手というような状態になった。誰でも情報を送受信できるわけですし、ライバルが何百万倍に増えたわけですから、大手メディアがそれだけ苦しくなるのは当然のことです。ここから先はサバイバルで頑張るしかない、ということだと思います。

渡辺　日本の新聞社は、現在部数が大幅に減って大変なことになっているとは思いますが、これだけ人員を抱えているし、全都道府県に地方紙があるわけです。しかし、それもどんどんシュリンクしている感じです。だから今、ジャーナリストが取材してきたことを、どの媒体に載せるかということを考えると、紙に載せるのかネットに載せるのかは、それぞれの特性を生かした発信の仕方があると思いますし、もっと言うなら、「どこに載せるか」ではなく「何を載せるか」ということが重要なのだと思います。メディアというよりニュース組織として、自分たちが取材してきたものを新聞に載せてもいいし、テレビに載せてもネットに載せてもいい。我々もそのような連携はどんどん行っていくつもりです。今後は、新聞がどう、テレビがどう、という話ではなく、自分がジャーナリストとして良いものを出していくだけのバックアップをこの会社がしてくれるのかどうか、という目線で動くべきでしょう。新聞の未来というくくりではなく、ジャーナリストの未来はどうなのかということを考えたほうが良いですね。

司会　編集長からひとことお願いします。

渡辺　今日はありがとうございました。まだワセダクロニクルが準備段階だった1年半くらい前に、韓国のオルタナティブニュースメディア「ニュースタパ（打破）」の代表、キム・ヨンジンさんと韓国で飲んだことがあって、我々も、ビジネスモデルはどうだとか、どうやって費用を工面しているのか、などの話を聞いていたんです。やる前に不安はなかったかとかいろんなことを聞きました。けれどもキムさんに聞くと、もともと彼らは、一発大きな記事をやって解散する予定だったそうなんですね。ところが寄付がどんどん集まってきて、続けざるを得なくなった。その後も彼らはどんどんスクープを放って、そのたびにまた寄付が集まってきたのだそうです。だから彼は「とにかく気にせずどんどんやれ」と我々に言いました。我々としても、寄付に関しては今後もお願いしていきますが、今後も一生懸命特ダネを重ねていきたいと思っています。今後ともどうぞよろしくお願いいたします。

❖ジャーナリストは危機感を持っているか

司会　最後にジャーナリズム研究所長から閉会の挨拶を兼ねたコメントをお願いします。

花田達朗　まずコメントを二つ。一つ目は調査報道は反権力かという問題に関してです。反権力とは、反政府、反大企業という意味ではありません。また、例えばトランプ大統領などのような、人格化された権力を指しているわけでもありません。権力というものを実体として捉えるべきではないと私は考えています。例えば家父長制だって権力ですし、つまり権力はどこにでもあるということです。権力者という人格のある人を「これが権力だ」と捉えるというのは、昔ならそうだったかもしれないけれども、ここまで複雑になっている現代社会では権力というのはもっとシステム化している。もちろんそれをある個人が人格化している場合はありますが、むしろ問題は権力の「正体」が見えないということにあります。そういう権力であり、そういう意味で「反権力」を捉えています。

それから二つ目。今なぜ、世界のジャーナリストたちが、調査報道に打って出ようとしているのか。その背後に何があるのか、ということです。彼らがどういう危機感を持っているのかと推察すると、今、ジャーナリズム、そしてジャーナリストがまごまごしていると、調査能力と発信能力に優れたNGOやNPOなどの市民社会アクターに追い越されかねないということです。グリンピースとか、アムネスティ・インターナショナルとか、そのほか様々な市民社会組織が、今日、ジャーナリスト以上にジャーナリスティックな能力を獲得してきている。つまり、調査能力と発信能力です。問題提起能力からしても違う。うかうかしていると、NGOやNPOに追い越されてしまいます。それが、世界のジャーナリスト、とりわけ調査報道ジャーナリストの持っている危機感なのではないか。

そのように見たとき、調査報道にはジャーナリストという職業の存在を賭けた闘いがあると思います。「我々はいったいどういう職業としてジャーナリストをやっているのか」ということです。その自己認識をきちんと持って、ミッションを果たさないと、他の者たちが、自分たちがやるべきことを代わりにやってしまいかねない。そういう時代になったといえます。

そのことを、日本のジャーナリストがどのくらい認識し共有できているのかなと思います。今、職業としてのジャーナリストが、何を報ずべきなのかという、切迫したモチベーションをどれだけ持っているのか。そこが今、日本のジャーナリストに問われるのではないでしょうか。

今、ワセダクロニクルは、ガラパゴス的な状況から脱出して、国際的な潮流に乗るべく、帆を上げて出航しました。この帆船は出航するための小さなエンジンは搭載しておりますが、燃料をあまり積んでおりません。どれだけ燃料がもつかわかりません。そこで、出航して大海原に出たあと、私たちが期待するのは「風」です。我々は帆船ですから、風を主要な動力にします。その風はどこから吹いてくるのか。市民社会から吹いてくる風でしかありえません。市民社会の市井の人々、普通の人々、一般の人々から、ワセダクロニクルの帆にむかって吹いてくる風、それを我々は支援と呼んでいます。その支援を受けるべく、ジパングを出発して、リヴァイアサンがいる海にむかって出航したばかりです。

市民社会からの風をお願いしたい。これをもって私の閉会のご挨拶とします。

（本稿は2017年2月18日のワセダクロニクル創刊記念イベントにおけるシンポジウムをもとにしたものである。）

◎編著者プロフィール

＊渡辺周（わたなべ・まこと）

1974年神奈川県生まれ。大阪府立生野高校、早稲田大学政治経済学部を卒業後、日本テレビに入社。2000年から朝日新聞記者。特別報道部などで調査報道を担当する。高野山真言宗の資金運用や製薬会社の医師への資金提供の実態などを報じたほか、原発事故後の長期連載「プロメテウスの罠」取材チームの主要メンバーとして、高レベル核廃棄物のテーマにした「地底をねらえ」などを執筆した。大学を拠点にした調査報道プロジェクトの立ち上げに伴い朝日新聞社を2016年3月に退社、ワセダクロニクルの取材・報道の総責任者（編集長）に就く。共著に『プロメテウスの罠3 福島原発事故、新たなる真実』『プロメテウスの罠6　ふるさとを追われた人々の、魂の叫び！』（以上、学研パブリッシング）。

＊花田達朗（はなだ・たつろう）

1947年生まれ。山口県出身。早稲田大学教育・総合科学学術院教授。早稲田大学政治経済学部卒業、ミュンヘン大学大学院博士課程満期退学。東京大学大学院情報学環教授、学環長を経て、2006年から現職。2007年より早稲田大学ジャーナリズム教育研究所所長、2015年より同大学ジャーナリズム研究所所長を務める。専門は社会学、メディア研究、ジャーナリズム研究。ジャーナリスト養成教育も行なってきた。単著に『公共圏という名の社会空間－公共圏・メディア・市民社会』（木鐸社）、『メディアと公共圏のポリティクス』（東京大学出版会）、共著に『調査報道ジャーナリズムの挑戦ー市民社会と国際支援戦略』（旬報社）など。

＊ワセダクロニクル（Waseda Chronicle）

早稲田大学ジャーナリズム研究所が運営する調査報道メディア。同研究所の研究プロジェクトのひとつとして、2016年3月11日に「早稲田調査報道プロジェクト（WIJP：Waseda Investigative Journalism Project）」が発足、2017年2月1日に「ワセダクロニクル」を創刊した。「ワセダクロニクル」は発信媒体の名称であり、かつニュース組織の名称である。「ワセダクロニクル」には、ジャーナリズム研究所長から推挙され、大学から嘱任を承認された招聘研究員がシニアリサーチャーとして参加している。ジャーナリストのほか、エンジニアやウェブデザイナーらがメンバー。ジャーナリストを目指す学生もリサーチャーとして参加する（早稲田大学以外からも参加）。学生の教育機能も担い、日本のジャーナリズム全体の底上げを目指す。国内の他のニュース組織やフリーランスとの協力や連携、海外の非営利ニュース組織との提携も積極的に進めていく予定。世界調査報道ジャーナリズムネットワーク（GIJN）への加盟を申請中（2017年3月1日現在）。

始動《しどう》！ 調《ちょう》査《さ》報道《ほうどう》ジャーナリズム
――「会社《かいしゃ》」メディアよ、さようなら

彩流社ブックレット4

2017年5月3日　初版第一刷

編著者	渡辺周・花田達朗・ワセダクロニクル ©2017
発行者	竹内淳夫
発行所	株式会社 彩流社
	〒102-0071 東京都千代田区富士見2-2-2
	電話　03-3234-5931
	FAX　03-3234-5932
	http://www.sairyusha.co.jp/

編　集	出口綾子
装　丁	福田真一［DEN GRAPHICS］
印刷	モリモト印刷株式会社
製本	株式会社難波製本

Printed in Japan　ISBN978-4-7791-2320-7 C0036
定価はカバーに表示してあります。乱丁・落丁本はお取り替えいたします。